Espiritualidad
emocionalmente sana

GUÍA DE ESTUDIO

Curso de discipulado emocionalmente sano

Por Peter y Geri Scazzero

Una estrategia probada que lleva a las personas de un discipulado superficial a una profunda transformación en Cristo.

ESPIRITUALIDAD EMOCIONALMENTE SANA - PARTE 1

Presentándoles a las personas una espiritualidad transformadora con Dios.

- Curso en video de ocho sesiones (disponible en transmisión de video o descarga)
- Guía de estudio
- Libro
- Devocional *Día a Día*

RELACIONES EMOCIONALMENTE SANAS - PARTE 2

Habilidades prácticas para llevar a las personas a una espiritualidad transformadora con los demás.

- Curso en video de ocho sesiones (disponible en transmisión de video o descarga)
- Guía de estudio
- Devocional *Día a Día*

TAMBIÉN DE PETER SCAZZERO

El líder emocionalmente sano

La mujer emocionalmente sana (con Geri Scazzero)

Discipulado emocionalmente sano

DISCIPULADO emocionalmente sano

Vida

Espiritualidad
emocionalmente sana

EL DISCIPULADO *que* CAMBIA PROFUNDAMENTE
TU RELACIÓN *con* DIOS

EDICIÓN ACTUALIZADA

GUÍA DE ESTUDIO + TRANSMISIÓN DE VIDEO
OCHO SESIONES

Peter y Geri Scazzero

HarperChristian Resources

Espiritualidad emocionalmente sana: guía de estudio edición actualizada

Las solicitudes de información deben dirigirse a:
HarperChristian Resources, *3900 Sparks Dr. SE, Grand Rapids, Michigan 49546*

ISBN 978-0-310-18416-4 (softcover)
ISBN 978-0-310-18417-1 (ebook)

Los títulos de HarperChristian Resources pueden adquirirse al por mayor para uso en iglesias, empresas, recaudación de fondos o ministerios. Para más información, envía un correo electrónico a ResourceSpecialist@ChurchSource.com.

Cover photography: Shutterstock
Fotos del autor: Orlando Suazo
Diseño de interiores: Beth Shagene
Ilustración del iceberg en el interior: 123RF®/Ion Popa

Primera edición: noviembre de 2021 / Impreso en los Estados Unidos de América

Contenido

Introducción vii
Cómo utilizar esta guía de estudio ix
Directrices que sugerimos para grupos xi

SESIÓN 1
El problema de la espiritualidad emocionalmente enferma 1

SESIÓN 2
Conócete a ti mismo para que puedas conocer a Dios 15

SESIÓN 3
Retroceder para poder avanzar 27

SESIÓN 4
El viaje a través del muro 39

SESIÓN 5
Agranda tu alma a través del dolor y la pérdida 51

SESIÓN 6
Descubre los ritmos del Oficio Diario y el Sabbat 61

SESIÓN 7
Crece como un adulto emocionalmente maduro 77

SESIÓN 8
Sigue al próximo paso para desarrollar una «regla de vida» 91

Guía del líder 103
Notas 121
Acerca de los autores 123
Lista de control del Curso de espiritualidad emocionalmente sana (ES) . . . 132

Introducción

El Curso de espiritualidad emocionalmente sana, que es la parte 1 del *Curso de discipulado emocionalmente sano*, es un plan de discipulado que cambia profundamente nuestra relación con Dios.

Espiritualidad ES logra esto de dos maneras:

1. Enfrentándose a la realidad de que la madurez emocional y la espiritual son inseparables; que no es posible ser espiritualmente maduro y permanecer emocionalmente inmaduro al mismo tiempo.
2. Preparando a las personas para entrar en una relación personal y directa con Jesús mediante la incorporación, en sus ritmos de vida diarios, de la quietud, el silencio y las Escrituras.

El objetivo de esta guía de estudio, junto con los recursos que la acompañan —el video del *Curso de espiritualidad ES*, el libro *Espiritualidad emocionalmente sana* y el devocional *Espiritualidad emocionalmente sana Día a Día*—, es ayudarte a llevar a la práctica las ocho verdades y principios bíblicos que componen el *Curso de espiritualidad ES*. En la última página de esta guía de estudio hallarás una lista de control para mantenerte orientado mientras vas avanzando a lo largo del curso. Llénala a medida que avanzas y, cuando termines, entra a www.emocionalmentesano.org para recibir tu certificado de finalización del curso. También te animamos a visitar emotionallyhealthy.org/spanish-resource para acceder a varios recursos gratuitos.

Cada una de las ocho verdades analizadas en estas sesiones puede ampliarse para convertirse en un curso separado. Sin embargo, las hemos mantenido juntas para que te sirvan de introducción a una vida con Dios que vaya más allá de la «espiritualidad superficial», hasta llegar a una transformación por medio de Cristo que toque hasta lo más profundo de tu ser.

Cómo utilizar esta guía de estudio

Antes de la primera sesión

- Adquiere los libros *Espiritualidad emocionalmente sana*, *Espiritualidad emocionalmente sana Día a Día* y esta guía de estudio.
- Lee el capítulo 1 del libro *Espiritualidad emocionalmente sana*.
- Podrás encontrar un video de cinco minutos que explica cómo usar *Espiritualidad emocionalmente sana Día a Día* en www.emocionalmentesano.org o en YouTube.

A lo largo de todo el estudio

La clave para aprovechar al máximo esta guía de estudio está en lo que la rodea. Cada semana se te pedirá que leas un capítulo del libro *Espiritualidad emocionalmente sana* antes de la sesión, que trabajes con la guía de estudio durante la sesión y que leas las reflexiones diarias correspondientes a los devocionales de *Espiritualidad emocionalmente sana Día a Día* después de la sesión. El cuadro en la siguiente página te ofrece una guía visual de lo que debes hacer cada semana.

También encontrarás, al final de cada sesión de esta guía, una sección titulada «Estudio personal entre las sesiones», basada en las preguntas tomadas del Oficio Diario del devocional *Espiritualidad emocionalmente sana Día a Día*.

La guía del líder que aparece al final de esta guía de estudio te proporciona información sumamente útil como suplemento a los estudios. Te animamos a usar este valioso material. Encontrarás recursos adicionales gratuitos para este curso en www.emotionallyhealthy.org/spanish-resource.

	ANTES de la sesión Lee el libro *Espiritualidad emocionalmente sana*	DURANTE la sesión usa la guía de estudio EES	DESPUÉS de la sesión Lee el devocional *Día a Día* Opcional: responde las preguntas para reflexionar
SESIÓN 1 El problema de la espiritualidad emocionalmente enferma	Introducción & Capítulo 1	Realiza las actividades de la guía de estudio con los videos	Primera semana
SESIÓN 2 Conócete a ti mismo para que puedas conocer a Dios	Capítulo 2	Realiza las actividades de la guía de estudio con los videos	Segunda semana
SESIÓN 3 Retroceder para poder avanzar	Capítulo 3	Realiza las actividades de la guía de estudio con los videos	Tercera semana
SESIÓN 4 El viaje a través del muro	Capítulo 4	Realiza las actividades de la guía de estudio con los videos	Cuarta semana
SESIÓN 5 Agranda tu alma a través del dolor y la pérdida	Capítulo 5	Realiza las actividades de la guía de estudio con los videos	Quinta semana
SESIÓN 6 Descubre los ritmos del Oficio Diario y el Sabbat	Capítulo 6	Realiza las actividades de la guía de estudio con los videos	Sexta semana
SESIÓN 7 Crece como un adulto emocionalmente maduro	Capítulo 7	Realiza las actividades de la guía de estudio con los videos	Séptima semana
SESIÓN 8 Desarrolla una «regla de vida»	Capítulo 8	Realiza las actividades de la guía de estudio con los videos	Octava semana

Nota importante sobre los videos

La transmisión de los videos de introducción y conclusión de cada sesión están disponibles de forma GRATUITA para que puedas revisarlos cada semana. Solo utiliza el código que se encuentra en la parte interior de la portada de la guía de estudio.

También puedes encontrarlos en cualquier tienda donde se vendan libros o DVD, o en formato de video digital a través de sitios web como amazon.com, vimeo.com y christianbook.com.

Directrices que sugerimos para grupos

Prepárense

Para aprovechar al máximo el tiempo que estén reunidos, les recomendamos encarecidamente que lean los capítulos de *Espiritualidad emocionalmente sana* que correspondan a cada sesión. También es necesario que lleven consigo su guía de estudio y el libro *Espiritualidad emocionalmente sana Día a Día* a cada una de las reuniones.

Hable cada cual por sí mismo

Les recomendamos que se expresen y que lo hagan en la primera persona del singular («yo»). Solo somos expertos en nosotros mismos. Por ejemplo, en lugar de decir: «Todo el mundo está ocupado», digan: «Estoy ocupado». En lugar de decir: «A todos nos cuesta trabajo perdonar», digan: «A mí me cuesta trabajo perdonar».

Respeten a los demás

Cuando hablen, háganlo brevemente, siempre teniendo en cuenta que hay limitaciones de tiempo y que los demás también querrán participar.

No corrijan, salven ni «enderecen» lo que digan los demás

Respeten la vida de los demás y confíen en que el Espíritu Santo, que vive en ellos, los guíe a toda verdad cuando sea el momento oportuno. Resistan la tentación de ofrecer consejos rápidos cuando las personas hablen en el grupo.

Céntrense en hacerse preguntas a ustedes mismos

Si sienten deseos de criticar o de ponerse a la defensiva cuando alguien esté hablando, pregúntense: *¿qué le habrá llevado a esa persona a creer esto? ¿Me pregunto qué estará sintiendo en estos momentos? ¿Me pregunto qué me enseña mi reacción acerca de mi propia persona?*

Confíen y aprendan del silencio

Está bien que guarden silencio entre una respuesta y otra cuando los miembros del grupo estén participando. Recuerden que nadie está presionando a nadie para que hable.

Practiquen la confidencialidad

Con el fin de crear un ambiente seguro que propicie una participación abierta y sincera, no se debe repetir fuera del grupo nada de lo que se hable dentro de él. Sin embargo, siéntanse libres de compartir su propia historia y su crecimiento personal.

Sean puntuales

Tomen la decisión de llegar a tiempo.

SESIÓN 1

El problema de la espiritualidad emocionalmente enferma

Antes de la primera reunión de tu grupo, lee el capítulo 1 del libro *Espiritualidad emocionalmente sana*.

Oficio Diario (10 minutos)

Lee uno de los Oficios Diarios que se encuentran en la primera semana de *Espiritualidad emocionalmente sana Día a Día* para comenzar tu reunión. **(Líderes, por favor vean el segundo punto de las «Directrices generales» en la página 105).**

Introducción (3 minutos)

No se puede separar la salud emocional de la madurez espiritual. Es imposible ser espiritualmente maduro mientras se permanece emocionalmente inmaduro.

Cuando ignoramos el componente emocional en nuestra vida, lo que hacemos es continuar externamente practicando las disciplinas, actividades y conductas cristianas, pero unos patrones de conducta profundamente enraizados en nuestro pasado nos siguen impidiendo llegar a una auténtica vida de madurez en Cristo.

Con frecuencia descuidamos lo que está sucediendo en nuestro interior y alrededor de nosotros (salud espiritual), y estamos demasiado ocupados para reducir la velocidad de nuestra vida a fin de estar con Dios (espiritualidad contemplativa).[1] Como consecuencia, corremos el alto riesgo de quedarnos atascados en la condición de bebés espirituales, sin desarrollarnos hasta convertirnos en adultos espiritual y emocionalmente maduros en Cristo.

Jay, uno de los miembros de nuestra iglesia, lo describió de la mejor forma posible: «Fui cristiano durante veintidós años. Pero en vez de ser un cristiano de veintidós años, ¡era veintidós veces un cristiano de un año! Seguía haciendo las mismas cosas una y otra vez».

Para fomentar una sensación de seguridad en cada grupo pequeño, pasen a las páginas xi-xii mientras se lean en voz alta las «Directrices que sugerimos para grupos».

Para irnos conectando (10 minutos)

Comparte tu nombre y varias palabras que describan lo que te hace sentir lleno de vida (p. ej.: naturaleza, música, deportes, leer, cocinar).

VIDEO: El problema de una espiritualidad emocionalmente enferma (11 minutos)

Ve el segmento del video correspondiente a la sesión 1. Usa el espacio en blanco para anotar todo aquello que llame tu atención.

NOTAS

Discusión en grupo (45 minutos)

Para comenzar (10 minutos)

A continuación presentamos los diez principales síntomas de una espiritualidad emocionalmente *enferma*. A medida que se lea en voz alta la lista que se encuentra a continuación, coloca una marca junto a uno o dos síntomas que sean los más relevantes hoy en tu vida.

☐ **1. Usar a Dios para huir de Dios**

(*Ejemplo:* lleno mi vida con actividades de la iglesia para evitar el dolor y la tensión que experimento en mis relaciones más cercanas).

☐ **2. No hacer caso de los sentimientos de ira, tristeza y miedo**
(*Ejemplo:* raras veces soy sincero conmigo mismo y/o con los demás en cuanto a los sentimientos, las angustias y los sufrimientos que llevo por debajo de la superficie de mi vida).

☐ **3. Renunciar a las cosas equivocadas**
(*Ejemplo:* tiendo a negarme los deseos y placeres sanos que Dios ha puesto en mi vida, como la amistad, la alegría, la música, la belleza, la risa y la naturaleza. Al mismo tiempo, se me hace difícil morir a mis esfuerzos por protegerme y por defenderme, a mi falta de vulnerabilidad y a mi tendencia a criticar).

☐ **4. Negar el impacto que el pasado tiene en el presente**
(*Ejemplo:* raras veces tengo en cuenta la forma en que mi familia de origen, así como las personas y los sucesos significativos de mi pasado, le han dado forma a mi presente).

☐ **5. Dividir nuestra vida en «secular» y «sagrada»**
(*Ejemplo:* me es muy fácil situar a Dios en el compartimento de las «actividades cristianas», al mismo tiempo que me suelo olvidar de él cuando estoy trabajando, haciendo compras, estudiando o recreándome).

☐ **6. Hacer para Dios en vez de estar con Dios**
(*Ejemplo:* tiendo a evaluar mi espiritualidad en base a lo mucho que estoy haciendo para Dios).

☐ **7. Excluir el conflicto de la espiritualidad**
(*Ejemplo:* por lo general, pierdo la paz verdadera cuando suavizo los desacuerdos, sepulto las tensiones y evito los conflictos, en lugar de acabar con la falsa paz, como hacía Jesús).

☐ **8. Disimular el quebrantamiento, la debilidad y el fracaso**
(*Ejemplo:* me cuesta mucho trabajo hablar con libertad acerca de mis debilidades, mis defectos y mis errores).

☐ **9. Vivir sin límites**
(*Ejemplo:* los que están cerca de mí podrían decir que muchas veces yo «trato de hacerlo todo», o «abarco más de lo que puedo manejar»).

☐ **10. Juzgar el camino espiritual seguido por otras personas**
(*Ejemplo*: con frecuencia me encuentro pensando e incómodo con los defectos de las personas que me rodean).

Después, vuélvete a otra persona para hablar de aquel síntoma que más se aplica hoy a tu vida espiritual.

Estudio bíblico: 1 Samuel 15:7-24 (35 minutos)

En este relato se nos presenta al rey Saúl, el primer rey de Israel, y a Samuel, el profeta de Dios que le dio la Palabra de Dios a Saúl. En el versículo tres, Dios le había ordenado a Saúl, el rey de Israel: «Ataca a los amalecitas [...] Destruye por completo todo lo que les pertenezca». (Nota: los amalecitas eran una cultura malvada y pecadora conocida por su afán de destrucción). Sin embargo, Saúl cede ante los deseos de sus guerreros y *solo hace una parte* de lo que Dios quiere. Lee en voz alta 1 Samuel 15:7-24.

> 7 Saúl atacó a los amalecitas desde Javilá hasta Sur, que está cerca de la frontera de
> Egipto. 8 A Agag, rey de Amalec, lo capturó vivo, pero a todos los habitantes los
> mató a filo de espada. 9 Además de perdonarle la vida al rey Agag, Saúl y su ejército preservaron las mejores ovejas y vacas, los terneros más gordos y, en fin, todo lo que era de valor. Nada de esto quisieron destruir; solo destruyeron lo que era inútil y lo que no servía.
> 10 La palabra del SEÑOR vino a Samuel: 11 «Lamento haber hecho rey a Saúl, pues se ha apartado de mí y no ha llevado a cabo mis instrucciones». Tanto se alteró Samuel que pasó la noche clamando al SEÑOR.
> 12 Por la mañana, muy temprano, se levantó y fue a encontrarse con Saúl, pero le dijeron: «Saúl se fue a Carmel y allí se erigió un monumento. Luego dio una vuelta y continuó hacia Guilgal».
> 13 Cuando Samuel llegó, Saúl dijo:
> —¡Que el SEÑOR te bendiga! He cumplido las instrucciones del SEÑOR.
> 14 —Y entonces, ¿qué significan esos balidos de oveja que me parece oír? —reclamó Samuel—. ¿Y cómo es que oigo mugidos de vaca?
> 15 —Son las que nuestras tropas trajeron del país de Amalec —respondió Saúl—. Dejaron con vida a las mejores ovejas y vacas para ofrecerlas al SEÑOR tu Dios, pero todo lo demás lo destruimos.
> 16 ¡Basta! —lo interrumpió Samuel—. Voy a comunicarte lo que el SEÑOR me dijo anoche.
> —Te escucho —respondió Saúl.
> 17 Entonces Samuel dijo:
> —¿No es cierto que, aunque te creías poca cosa, has llegado a ser jefe de las tribus de
> Israel? ¿No fue el SEÑOR quien te ungió como rey de Israel, 18 y te envió a cumplir

una misión? Él te dijo: "Ve y destruye a esos pecadores, los amalecitas. Atácalos hasta
acabar con ellos". 19 ¿Por qué, entonces, no obedeciste al SEÑOR?¿Por qué echaste
mano del botín e hiciste lo malo ante los ojos del SEÑOR?
20 —¡Yo sí he obedecido al SEÑOR! —insistió Saúl—. He cumplido la misión que ÉL
me encomendó. Traje prisionero a Agag, rey de Amalec, pero destruí a los amalecitas.
21 Y del botín, los soldados tomaron ovejas y vacas, destinadas al exterminio, con el
propósito de ofrecerlas en Guilgal al SEÑOR tu Dios.
22 Samuel respondió:

«¿Qué agrada más al SEÑOR:
que se le ofrezcan holocaustos y sacrificios
o que se obedezca lo que él dice?
El obedecer vale más que el sacrificio,
y el prestar atención, más que la grasa de carneros.
23 La rebeldía es tan grave como la adivinación,
y la arrogancia, como el pecado de la idolatría.
Y como tú has rechazado la palabra del Señor,
él te ha rechazado como rey».

24 —¡He pecado! —admitió Saúl—. He desobedecido la orden del SEÑOR y tus
instrucciones. Los soldados me intimidaron y les hice caso.

1. En los versículos 10 y 11, ¿qué palabras y frases ofrecen una imagen de la profundidad de los sentimientos de Dios y Samuel en torno a las decisiones que tomó Saúl? Con tus propias palabras, contrasta la respuesta de Saúl en los versículos 12-13 (4 minutos).

2. Al releer los versículos 12, 15 y 24, ¿cómo describirías las cosas de las que Saúl no era consciente en su interior? (6 minutos).

3. La falta de conciencia de Saúl lo lleva a realizar una actividad religiosa de manera automática, como si eso fuera suficiente. Su ofrenda de sacrificios sería igual a nuestra actividad religiosa de hoy en día. Saúl hace sacrificios, pero no obedece ni escucha a Dios (ver versículo 22). ¿Cuál podría ser un ejemplo en tu vida de llevar a cabo una actividad religiosa que está desconectada de tu corazón y tu vida? (P. ej., voy a la iglesia, pero no soporto a las personas en el trabajo que me irritan o me hieren; sirvo en la iglesia, pero dedico poco tiempo a desarrollar mi propia relación con Jesús; digo que sigo a Jesús, pero rara vez oro o lo consulto antes de tomar decisiones) (7 minutos).

4. Saúl finge ser exteriormente para los demás alguien que no es en su interior, es decir, muestra un falso yo. Usa los siguientes síntomas de un falso yo para tener una idea de dónde te encuentras ahora mismo. Escribe al lado de cada frase el número que mejor describe tu respuesta. Utiliza la siguiente escala:

   5 = Siempre es cierto para mí.
   4 = A menudo es cierto para mí.
   3 = Ocasionalmente es cierto para mí.
   2 = Rara vez es cierto para mí.
   1 = Nunca es cierto para mí.

   1. Me comparo mucho con otras personas. ___
   2. A menudo digo «sí» cuando prefiero decir «no». ___
   3. A menudo no hablo para evitar la desaprobación de los demás. ___
   4. La gente cercana a mí me describiría como defensivo y fácil de ofender. ___
   5. Me cuesta reírme de mis defectos y fracasos. ___
   6. Evito parecer débil o tonto en situaciones sociales. ___

7. No siempre soy la persona que parezco ser. ___
8. Me cuesta arriesgarme porque podría fallar o parecer un tonto. ___
9. Mi sentido del valor/bienestar proviene de lo que tengo (posesiones), lo que hago (logros) o lo que otros piensan de mí (popularidad). ___
10. A menudo me comporto como una persona diferente cuando estoy en situaciones diferentes y con gente diferente. ___

Comparte con tu mesa cuál punto llama más tu atención (o con grupos de 2 o 3 personas) (11 minutos).

5. Basado en la historia de Saúl, ¿cuál podría ser la invitación de Dios para ti? (12 minutos).

Aplicación (15 minutos)

Después de que se lean en voz alta los párrafos siguientes y las preguntas 1 y 2, dedica 5 minutos a anotar tu respuesta a esas preguntas en el espacio que aparece en blanco. Después, comparte tu respuesta a la pregunta 3 en grupos de dos o tres.

Saúl no solo carecía de consciencia con respecto a lo que estaba sucediendo en su interior, sino que tampoco cultivaba una vida contemplativa con Dios. Su «hacer para Dios» no brotaba de un «estar con Dios».

De igual manera, nuestro «hacer para Jesús» debe brotar de nuestro «estar» con él. Con demasiada frecuencia vivimos de manera indirecta de la espiritualidad de otras personas, y nuestra relación con Dios es «a la carrera» en medio de la agitación de la vida.

1. ¿Cuáles son los retos que te impiden vivir una vida más pausada para poder estar con Dios?

2. El diagrama siguiente nos da una ilustración sobre una vida espiritual en la que nuestra actividad (es decir, lo que hacemos) no guarda un equilibrio con nuestra vida contemplativa (es decir, nuestra vida interior con Jesús).

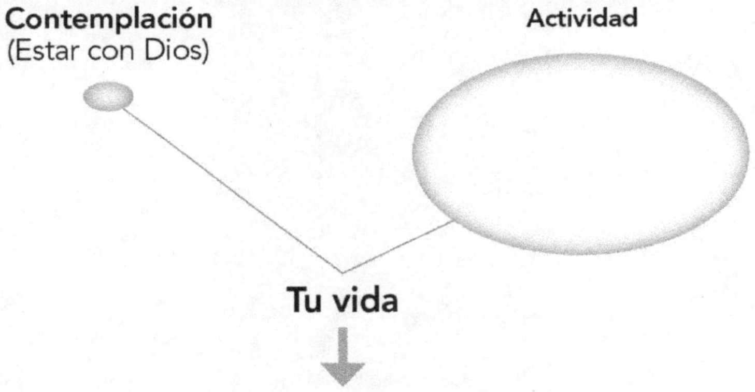

Ahora, usando dos círculos como los que aparecen en el diagrama, dibuja tu propio diagrama para ilustrar cuál es el equilibrio que existe entre tus actividades (tu hacer) y tu vida contemplativa (tu estar con Dios).[2]

3. Las sesiones restantes del *Curso de espiritualidad ES* abordarán las formas en que podemos hacer cambios en nuestra vida. En este momento, ¿qué medidas sencillas podrías tomar para dar el primer paso hacia un vivir con mayor lentitud y lograr el equilibrio entre los dos círculos?

VIDEO: Conclusión (8 minutos)

Ve la conclusión de la sesión 1 y usa el espacio en blanco para anotar todo aquello que llame tu atención.

NOTAS

Estudio personal entre las sesiones

SESIÓN 1

Lee el capítulo 2 del libro *Espiritualidad emocionalmente sana:* «Conócete a ti mismo para que puedas conocer a Dios». Utiliza el espacio en blanco para anotar todas las ideas o preguntas que quisieras llevar a la próxima reunión del grupo.

En espíritu de oración, lee la primera semana del devocional *Espiritualidad emocionalmente sana Día a Día:* «El problema de la espiritualidad emocionalmente enferma». Utiliza el espacio en blanco a fin de responder las preguntas para meditar y/o escribir tus reflexiones de cada día.

Día 1 – Preguntas para meditar:

¿Cómo describirías lo que es «secundario» en tu vida; eso que podría estar «bloqueando tu camino» hacia una experiencia con Dios?

¿Cómo podrías crear más espacio en tu vida para el silencio, con el fin de poder escuchar a Dios?

Día 2 – Preguntas para meditar:

¿Qué tormenta, interna o externa, podría estar enviando Dios a tu vida como señal de que hay algo que no está bien espiritualmente?

¿Cómo entiendes hoy estas palabras del apóstol Juan: «No amen al mundo ni nada de lo que hay en él» (1 Jn 2:15)?

Día 3 – Preguntas para meditar:

¿De qué manera(s) ha «descoyuntado» Dios tu vida o tus planes, para que dependas de él?

¿De qué manera el «estar muy ocupado» podría estar bloqueándote, impidiendo que escuches al Dios viviente y tengas comunión con él?

Día 4 – Preguntas para meditar:

¿Qué cosas son las que te están preocupando o incomodando hoy?

¿Qué te enoja hoy? ¿Qué te entristece? ¿A qué le tienes temor? Preséntale a Dios tus respuestas a estas preguntas, confiando en él, tal como lo hizo David.

Día 5 – Preguntas para meditar:

¿Qué paso podrías dar hoy para vivir con un ritmo más lento y prestarle mayor atención a la voz de Jesús?

¿De qué manera tu quebrantamiento o debilidad de hoy puede convertirse en una oportunidad para que Dios manifieste su poder?

SESIÓN 2

Conócete a ti mismo para que puedas conocer a Dios

Oficio Diario (10 minutos)

Lee uno de los Oficios Diarios que se encuentran en la segunda semana de *Espiritualidad emocionalmente sana Día a Día* para comenzar tu reunión. **(Líderes, por favor vean el segundo punto de las «Directrices generales» en la página 105).**

Introducción (3 minutos)

La consciencia de nosotros mismos se halla intrínsecamente relacionada con la relación que tenemos con Dios. De hecho, la exhortación que se nos hace en las Escrituras para que nos despojemos de nuestro viejo yo y «falso» con el fin de vivir de una manera auténtica en nuestro nuevo yo y «verdadero» está en el centro de la verdadera espiritualidad.

Agustín escribió alrededor del año 500 en sus *Confesiones*: «¿Cómo puedes acercarte a Dios cuando estás tan lejos de ti mismo?». Y esta fue su oración: «Señor, permíteme conocerme a mí mismo para que pueda conocerte a ti».

En 1530, Juan Calvino escribió en la introducción de la *Institución de la religión cristiana:* «Nuestra sabiduría consta, casi de una manera total, de dos partes: el conocimiento de Dios y el de nosotros mismos. Pero aunque los dos están íntimamente conectados, no es fácil determinar cuál de ellos es anterior y originó al otro».

La gran mayoría de nosotros morimos sin saber quiénes somos. Sin darnos cuenta plenamente, vivimos la vida de otra persona o, al menos, las expectativas que tiene otra persona con respecto a nosotros. Esto nos perjudica a nosotros mismos, perjudica nuestra relación con Dios y, en última instancia, a las demás personas.

Para fomentar una sensación de seguridad en cada grupo pequeño, pasen a las páginas xi-xii mientras se lean en voz alta las «Directrices que sugerimos para grupos».

Para irnos conectando (17 minutos)

1. El informe *Día a Día*: Dios dice: «Quédense quietos, reconozcan que yo soy Dios» (Sal 46:10). Esto requiere silencio, pero la práctica del silencio puede ser el eslabón más débil de nuestro discipulado hoy en día. ¿Qué desafíos estás experimentando al comenzar y terminar tus lecturas de *Espiritualidad emocionalmente sana Día a Día* en silencio? (7 minutos).

2. Describe cuál es el trabajo de tus sueños (10 minutos). Esta pregunta a menudo revela indicios de cómo Dios te ha creado de forma única.

VIDEO: Conócete a ti mismo para que puedas conocer a Dios (10 minutos)

Ve el segmento del video correspondiente a la sesión 2. Usa el espacio en blanco para anotar todo aquello que llame tu atención.

NOTAS

Discusión en grupo (45 minutos)

Para comenzar (10 minutos)

Después de que se lea en voz alta el párrafo siguiente, completa individualmente la pregunta 1.

El viaje de una transformación genuina hacia una espiritualidad emocionalmente sana se inicia con el compromiso de reconocer mis sentimientos. Los sentimientos son una parte esencial de nuestra humanidad y de nuestra personalidad única como hombres y mujeres creados a la imagen de Dios. Las Escrituras revelan que Dios es un ser con emociones, que siente de una manera personal. Como nosotros fuimos creados a su imagen, también fuimos diseñados con el don de sentir y experimentar emociones. Es posible que entre nosotros haya quienes han aprendido que no debemos confiar en los sentimientos; que son peligrosos y que nos pueden apartar de la voluntad de Dios. Aunque es cierto que no debemos permitir que sean las emociones las que nos guíen, estas sí cumplen una función crítica en nuestro discipulado y en nuestro discernimiento de la voluntad de Dios.

1. Escribe tu respuesta a las preguntas que siguen a continuación en el espacio en blanco. Tu preocupación puede ser algo del pasado, del presente o del futuro. Considera en oración delante del Señor, como David lo hizo en Salmos, áreas como nuestras finanzas, la salud, las relaciones, el trabajo, etc.(5 minutos).

    - ¿Por qué estás enojado?

    - ¿Por qué estás triste?

    - ¿Por qué estás ansioso?

    - ¿De qué te alegras?

2. Compartan en grupos de dos o tres cómo fue para ustedes escribir sus sentimientos (5 minutos).

Estudio bíblico: 1 Samuel 17:26-45 (35 minutos)

En esta conocida historia veremos una poderosa ilustración de los obstáculos comunes que nos impiden vivir nuestro yo verdadero en Cristo. Al comenzar el relato, el ejército de Israel se enfrentaba al ejército de los filisteos. Durante cuarenta días, un héroe de los filisteos llamado Goliat, descrito como un hombre de 2,7 metros de altura y revestido de poderosas armas, desafió a todo soldado de Israel, retando a cualquier guerrero que se atreviera a enfrentarlo en combate singular. Sin embargo, cuando los israelitas lo veían: «Huían despavoridos» (1 S 17:24). Retomamos el relato después de que David oye por primera vez el humillante desafío que le dirige Goliat al ejército de Israel. Escucha atentamente mientras se lee en voz alta el relato de 1 Samuel 17:26-45.

> 26 David preguntó a los que estaban con él:
> —¿Qué dicen que darán a quien mate a ese filisteo y salve así el honor de Israel?
> ¿Quién es este filisteo incircunciso, que se atreve a desafiar al ejército del Dios
> viviente?
> 27 —Al que lo mate —repitieron— se le dará la recompensa anunciada.
> 28 Eliab, el hermano mayor de David, lo oyó hablar con los hombres y se puso furioso
> con él. Entonces reclamó:
> —¿Qué has venido a hacer aquí? ¿Con quién has dejado esas pocas ovejas en el
> desierto? Yo te conozco. Eres un atrevido y mal intencionado. ¡Seguro que has
> venido para ver la batalla!
> 29 —¿Y ahora qué hice? —protestó David—. ¡Si apenas he abierto la boca! 30
> Apartándose de su hermano, preguntó a otros, quienes dijeron lo mismo. 31 Algunos
> que oyeron lo que había dicho David se lo contaron a Saúl y este mandó a llamarlo.
> 32 Entonces David dijo a Saúl:
> —¡Nadie tiene por qué desanimarse a causa de este filisteo! Yo mismo iré a pelear
> contra él.
> 33 —¡Cómo vas a pelear tú solo contra este filisteo! —replicó Saúl—. No eres más
> que un muchacho, mientras que él ha sido un guerrero toda la vida.
> 34 David respondió:
> —A mí me toca cuidar el rebaño de mi padre. Cuando un león o un oso viene y se
> lleva una oveja del rebaño, 35 yo lo persigo y lo golpeo hasta que suelta la presa. Y,
> si el animal me ataca, lo agarro por la melena y lo sigo golpeando hasta matarlo. 36
> Si este siervo suyo ha matado leones y osos, lo mismo puede hacer con ese filisteo

incircunciso, porque está desafiando al ejército del Dios viviente.
37 El Señor, que me libró de las garras del león y del oso, también me librará de la mano de ese filisteo.

—Anda, pues —dijo Saúl—, y que el Señor te acompañe.

38 Luego Saúl vistió a David con su uniforme de campaña. Le entregó también un casco de bronce y le puso una coraza.
39 David se ciñó la espada sobre la armadura e intentó caminar, pero no pudo porque no estaba acostumbrado.

—No puedo andar con todo esto —dijo a Saúl—; no estoy entrenado para ello.

De modo que se quitó todo aquello,
40 tomó su bastón, fue al río a escoger cinco piedras lisas, y las metió en su bolsa de pastor. Luego, honda en mano, se acercó al filisteo.

41 Este, por su parte, también avanzaba hacia David detrás de su escudero.
42 Echó una mirada a David y, al darse cuenta de que era apenas un muchacho, pelirrojo y buen mozo, con desprecio
43 dijo:

—¿Soy acaso un perro para que vengas a atacarme con palos? Y maldiciendo a David en nombre de sus dioses,
44 añadió:

—¡Ven acá, que voy a echar tu carne a las aves del cielo y a las fieras del campo!

45 David contestó:

—Tú vienes contra mí con espada, lanza y jabalina, pero yo vengo a ti en el nombre del Señor de los Ejércitos, el Dios de los escuadrones de Israel, a quien has desafiado.

1. ¿Cuáles son algunos de los mensajes fuertes y negativos que recibió David de parte de las personas que lo rodeaban? (6 minutos).

    - De su propia familia (v. 28)

    - De Saúl (vv. 33, 38)

    - De Goliat (vv. 41-45)

2. ¿Qué sentimientos experimentarías si fueras David? (*P. ej.*: como respuesta a un hermano o hermana mayor, a una persona que tenga autoridad sobre ti o una persona rival e intimidante como Goliat).

3. La semana pasada observamos el falso yo de Saúl (es decir, fingir ser algo exteriormente que no somos en el interior. Por ejemplo: tener miedo de lo que piensan los demás, no ser consciente de uno mismo, no ser honesto). Contrasta esto con las cualidades del yo verdadero de David que observamos en esta historia mientras se enfrentaba a fuerzas y presiones poderosas (8 minutos).

4. ¿En cuáles circunstancias de tu vida, o con quién o quiénes, te es difícil ser tú mismo (*p. ej.*: hablar con sinceridad, negarte a algo, estar en desacuerdo o no tener miedo a lo que piensen los demás)? (12 minutos).

Aplicación (15 minutos)

Toma cinco minutos a solas para escribir, en oración, tus respuestas a las preguntas que aparecen a continuación (5 minutos).

1. ¿Cómo luciría en términos prácticos quitarte la armadura que estás usando actualmente y que no te queda bien?

2. Muchos estamos tan poco acostumbrados a distinguir nuestro verdadero yo de nuestro falso yo, que nos parece difícil saber por dónde comenzar. Termina la siguiente oración: *me estoy comenzando a dar cuenta con respecto a mí mismo de que...*

Compartan sus respuestas a las preguntas 1 y 2 en grupos de dos o tres (10 minutos).

VIDEO: Conclusión (8 minutos)

Ve la conclusión de la sesión 2 y usa el espacio en blanco para anotar todo aquello que llame tu atención.

NOTAS

Estudio personal entre las sesiones

SESIÓN 2

Lee el capítulo 3 del libro *Espiritualidad emocionalmente sana:* «Retroceder para poder avanzar». Utiliza el espacio en blanco para anotar todas las ideas o preguntas que quisieras llevar a la próxima reunión del grupo.

En espíritu de oración, lee la segunda semana del devocional *Espiritualidad emocionalmente sana Día a Día*: «Conócete a ti mismo para que puedas conocer a Dios». Utiliza el espacio en blanco a fin de responder las preguntas para meditar y/o escribir tus reflexiones de cada día.

Día 1 – Preguntas para meditar:

¿De qué manera específica estás cediendo a las expectativas de los demás, en lugar de ser fiel a lo que Jesús tiene para ti?

¿Cuál capa o vendaje de tu falso yo te está invitando Dios a quitarte en este día?

Día 2 – Preguntas para meditar:

¿Cuál crees que es uno de los dones que Dios te concedió al nacer y que has estado ignorando en tu vida?

¿En qué lugar te ves dentro de la lista que hace Bernardo de los cuatro grados del amor?

Día 3 – Preguntas para meditar:

¿Qué es lo que más te impresiona en la historia de la vida de Antonio?

¿Qué tentaciones o pruebas estás enfrentando hoy que Dios podría estar usando como un horno para ayudarte a desarrollar tu vida interior?

Día 4 – Preguntas para meditar:

¿Cómo serían las cosas si te respetaras a ti mismo a la luz de las limitaciones que Dios te ha dado?

¿Qué aspecto de tu persona interior es posible que la presencia de Dios quisiera eliminar (*p. ej.*: el egoísmo, la codicia, la amargura o la impaciencia)?

Día 5 – Preguntas para meditar:

¿Cómo cambiaría tu día hoy si dejaras de buscar la aprobación de los demás para comenzar a buscar únicamente la aprobación de Dios?

¿En cuál aspecto de tu vida podrías estar viviendo como un pollo cuando, en realidad, Dios te hizo águila?

SESIÓN 3

Retroceder para poder avanzar

Oficio Diario (10 minutos)

Lee uno de los Oficios Diarios que se encuentran en la tercera semana de *Espiritualidad emocionalmente sana Día a Día* para comenzar tu reunión. **(Líderes, por favor vean el segundo punto de las «Directrices generales» en la página 105).**

Introducción (1 minuto)

La espiritualidad emocionalmente sana incluye aceptar la decisión de Dios de hacernos nacer en una familia determinada, en un lugar preciso y en un momento específico de la historia.

Esa decisión de aceptar nuestro pasado nos concede algunas oportunidades y ciertos dones. También nos otorga cierta cantidad de «equipaje emocional» para nuestro caminar por la vida. Para algunos de nosotros, esa carga ha sido mínima; a otros les resultó una carga pesada que tienen que llevar.

Una espiritualidad genuina nos libera para vivir el presente con alegría. Sin embargo, para vivir con alegría, necesitamos retroceder para poder avanzar. Este proceso nos lleva al centro de la espiritualidad y del discipulado en la familia de Dios: la liberación de los patrones pecaminosos y destructivos de nuestro pasado, para vivir la vida de amor que Dios quiere que vivamos.

Para irnos conectando (10 minutos)

1. El informe *Día a Día*: en el corazón de este curso está el cultivar tu relación con Dios, especialmente a través del silencio y la Escritura. ¿Cómo te ha ido esta semana con la práctica del silencio?

2. ¿Cómo manejaba el conflicto la familia en la que creciste y cómo te impactó eso? (P. ej., culpar, gritar, complacer, criticar, aplicar la ley del silencio, mostrar desprecio, etc.).

VIDEO: Retroceder para poder avanzar (12 minutos)

Ve el segmento del video correspondiente a la sesión 3. Usa el espacio en blanco para anotar todo aquello que llame tu atención.

NOTAS

Discusión en grupo (40 minutos)

Para comenzar (7 minutos)

Nuestra necesidad de retroceder para poder avanzar puede resumirse en dos verdades bíblicas esenciales:

- Las bendiciones y los pecados de dos o tres generaciones pasadas de nuestra familia tienen un profundo impacto en quienes somos en el presente.
- El discipulado nos exige dejar atrás los patrones pecaminosos de nuestra familia de origen para volver a aprender cómo vivir a la manera de Dios y en la familia de Dios.

¿Cuál es tu mayor temor al recordar el ambiente de tu familia de origen para discernir los patrones y mensajes negativos? Explica tu respuesta.

Estudio bíblico: Génesis 50:15-21 (33 minutos)

Lee en voz alta los párrafos introductorios y después responde la pregunta 1.

La «familia» es un sistema emocional que abarca entre dos y cuatro generaciones que atraviesan la vida juntas en diferentes lugares y momentos. Cuando nacemos en una familia, heredamos sus formas de relacionarse, sus valores y sus formas de vivir en el mundo. (Los hijos adoptivos no heredan solamente los rasgos de su familia biológica, sino que adquieren rasgos procedentes de su familia adoptiva). Es imposible separar la historia de tu familia y tu historia personal.

José es un excelente ejemplo de esa realidad. Nació en una compleja familia mixta en la cual Jacob, su padre, vivía bajo el mismo techo con sus dos esposas, sus dos concubinas y sus hijos. Fue el hijo favorito de Jacob. Como consecuencia, sus hermanos fueron sintiendo cada vez más celos de él, hasta que terminaron vendiéndolo a un mercader que lo llevó a Egipto. Los hermanos no esperaban volver a saber jamás de él. Después que lo vendieron como esclavo, la vida de José se volvió muy difícil. Durante los diez a trece años siguientes, vivió primero como esclavo y luego como prisionero falsamente acusado de violación.

1. Imagínate que eres José, sentado en la celda de una prisión, sin esperanza alguna de salir libre. ¿Qué pensamientos, sentimientos o dudas habrías tenido acerca de tu familia? ¿Acerca de ti mismo? ¿Acerca de Dios? (7 minutos).

Ahora lee en voz alta el siguiente párrafo y el pasaje de la Escritura correspondiente, antes de comentar las preguntas que quedan.

Por intervención milagrosa de Dios, José fue sacado del hoyo de la prisión para convertirse en la persona más poderosa de todo Egipto después del faraón. Más tarde, cuando sus hermanos acudieron a Egipto en busca de alimento durante una hambruna que había en Canaán, José los invitó a regresar por su padre y a establecerse en Egipto, lo cual hicieron con gran agrado. Pero después de la muerte de Jacob, los hermanos se comenzaron a preocupar. Lee Génesis 50:15-21.

[15] Al reflexionar sobre la muerte de su padre, los hermanos de José concluyeron: «Tal vez José nos guarde rencor y ahora quiera vengarse de todo el mal que le hicimos». [16] Por eso le mandaron a decir: «Antes de morir tu padre, dejó estas instrucciones: [17] "Díganle a José que perdone, por favor, la terrible maldad y el pecado que sus hermanos cometieron contra él". Así que, por favor, perdona la maldad de los siervos del Dios de tu padre». Cuando José escuchó estas palabras, se echó a llorar.
[18] Luego sus hermanos se presentaron ante José, se inclinaron delante de él y dijeron:
—Aquí nos tienes; somos tus esclavos.
[19] —No tengan miedo —les contestó José—. ¿Puedo acaso tomar el lugar de Dios? [20] Es verdad que ustedes pensaron hacerme mal, pero Dios transformó ese mal en bien para lograr lo que hoy estamos viendo: salvar la vida de mucha gente. [21] Así que, ¡no tengan miedo! Yo cuidaré de ustedes y de sus hijos.
De ese modo José los consoló, pues les habló al corazón.

2. ¿Cuáles eran las suposiciones que tenían los hermanos de José acerca de él en el versículo 15? (4 minutos).

3. ¿Por qué piensas que José lloró (v.17)? (4 minutos).

4. José tomó la decisión de romper con la forma «normal» en que su familia manejaba los sentimientos heridos y los conflictos, perdonando a sus hermanos. ¿Cómo habrías respondido tú si hubieras estado en la posición de José? (Asegúrate de ponerte con toda sinceridad en la misma situación que José). (6 minutos).

5. Vuelve a leer detenidamente los versículos 19-21. En ellos vemos la reacción de José ante las enormes pérdidas por las que había pasado en su vida. Reflexiona cuidadosamente en los diferentes aspectos de su respuesta, los cuales aparecen a continuación.
   - «No tengan miedo».
   - «¿Puedo acaso tomar el lugar de Dios?».
   - «Ustedes pensaron hacerme mal, pero Dios transformó ese mal en bien».

   Al pensar en la historia de tu propia vida y en tu visión de Dios, ¿con cuál de ellos te identificas más? (8 minutos).

Aplicación (25 minutos)

Completa la pregunta 1 individualmente, utilizando los cuadros de la página siguiente (10 minutos).

1. José entendía claramente que formaba parte de su familia de origen, y también de la forma en que esta había moldeado su vida, tanto para bien como para mal. Nosotros también necesitamos enfrentarnos con sinceridad a las verdades acerca de nuestra familia de origen. En espíritu de oración, llena los cuadros que aparecen en la próxima página, aunque hayas hecho un ejercicio similar con anterioridad. Con frecuencia recibimos una nueva comprensión cuando meditamos y reflexionamos en distintos momentos sobre el impacto que nuestra familia ha tenido en nosotros.

   - Primero, haz una lista de los mensajes para la vida que recibiste de cada uno de tus padres o tutores (*p. ej.*: los estudios lo son todo; para que te amen, tienes que ser un triunfador; no te sientas triste; no cometas errores; no seas débil; sé amable; no te impongas; gana mucho dinero; no confíes en la gente).
   - Luego, haz una lista de todos los «eventos sísmicos» que han causado «temblores posteriores» en tu familia extendida (*p. ej.*: abusos, muertes o pérdidas prematuras o repentinas, divorcios, revelación de secretos vergonzosos, etc.).
   - Revisa por separado los tres cuadros y resume los mensajes acerca de la vida, de ti mismo y de los demás que has internalizado. Después llena el cuadro del medio, llamado «El conjunto de mensajes que he recibido».

Padre (Tutor)

Mensajes que recibí sobre la vida:

Madre (Tutora)

Mensajes que recibí sobre la vida:

«Eventos sísmicos» en la historia de mi familia:

-
-
-
-
-

El conjunto de mensajes que he recibido:

2. Comparte con el grupo el mensaje o los mensajes que has recibido. ¿Cómo se comparan esos mensajes con los que aparecen a continuación y que reflejan quién eres en la nueva familia de Jesús?

    - Es maravilloso que existas.
    - Eres digno de amor.
    - Eres bueno.
    - Eres un gozo.
    - No nos tienes que demostrar nada más.
    - Tus necesidades son un deleite.
    - Se te permite cometer errores.

3. ¿Cuál podría ser un mensaje concreto procedente de tu familia de origen que Dios te ha revelado hoy, y que querrías cambiar como parte de tu «duro trabajo en el discipulado»?

VIDEO: Conclusión (7 minutos)

Ve la conclusión de la sesión 3 y usa el espacio en blanco para anotar todo aquello que llame tu atención.

NOTAS

Estudio personal entre las sesiones

SESIÓN 3

Lee el capítulo 4 del libro *Espiritualidad emocionalmente sana*: «El viaje a través del muro». Utiliza el espacio en blanco para anotar todas las ideas o preguntas que quisieras llevar a la próxima reunión del grupo.

En espíritu de oración, lee la tercera semana del devocional *Espiritualidad emocionalmente sana Día a Día*: «Retroceder para poder avanzar». Utiliza el espacio en blanco a fin de responder las preguntas para meditar y/o escribir tus reflexiones de cada día.

Día 1 – Preguntas para meditar:

¿Qué podría estar ofreciéndote Dios para ayudarte a dejar atrás los fracasos y el sufrimiento de tu pasado?

¿Qué «balsa» pesada puedes estar cargando mientras tratas de escalar las montañas que Dios ha puesto delante de ti?

Día 2 – Preguntas para meditar:

¿Con qué parte de tu falso yo estás luchando, al que Cristo te llama a morir para que puedas vivir plenamente?

¿Qué es lo que más te impacta en esta historia sobre Francisco? ¿Cómo te está hablando Dios por medio de ella?

Día 3 – Preguntas para meditar:

¿Cómo serían las cosas si hoy le entregaras a Dios los sufrimientos de tu pasado (tus errores, pecados, reveses y desalientos)?

¿Qué sufrimientos de tu vida aún esperan ser reconocidos y sacados a la luz?

Día 4 – Preguntas para meditar:

¿Qué espacio en el mundo (para el cual tu pasado te ha preparado) está esperando ser llenado por ti?

¿Puedes mencionar formas en que aprendiste sobre el dolor de otros a través de tu propio dolor?

Día 5 – Preguntas para meditar:

¿Cómo podrías aplicar en el día de hoy las palabras de Éxodo 14:14-15: «Quédense quietos, que el SEÑOR presentará batalla por ustedes» y «en marcha»?

En Salmos 131:1, David ora diciendo: «No busco grandezas desmedidas, ni proezas que excedan a mis fuerzas». ¿Qué viene a tu mente cuando lees estas palabras?

SESIÓN 4

El viaje a través del muro

Oficio Diario (10 minutos)

Lee uno de los Oficios Diarios que se encuentran en la cuarta semana de *Espiritualidad emocionalmente sana Día a Día* para comenzar tu reunión. **(Líderes, por favor vean el segundo punto de las «Directrices generales» en la página 105).**

Introducción (1 minuto)

Una espiritualidad emocionalmente sana requiere que atravieses el muro, o como decían algunos antiguos, «la noche oscura del alma». De la misma manera que una pared física impide que podamos seguir adelante, algunas veces Dios nos detiene en nuestro peregrinar espiritual por medio de un muro espiritual, con el propósito de transformar de una manera radical nuestro carácter. A menudo, llegamos al muro por circunstancias y crisis que están fuera de nuestro control.

Independientemente de cómo lleguemos allí, todo seguidor de Jesús en algún momento se enfrentará al muro. Si no comprendemos lo que está sucediendo, ni nos sometemos a la obra que Dios está realizando en nosotros por medio de ese muro, el resultado suele ser un gran sufrimiento a largo plazo, la continuidad de nuestra inmadurez y la confusión. En cambio, cuando recibimos el don que Dios tiene para nosotros en el muro, esto transforma nuestra vida para siempre.

Para irnos conectando (10 minutos)

1. El informe *Día a Día*: estar en silencio para conocer a Dios más profundamente (Sal 46:10) es una invitación a rendir nuestra voluntad a la suya, así como a descansar de nuestros esfuerzos y temores. ¿Cómo podría el silencio ayudarte a rendirte, relajarte y disfrutar del descanso de Dios en medio de las ansiedades que llevas hoy?

2. Nombra una dificultad significativa en tu vida que haya desafiado tu visión (o expectativas) de Dios.

VIDEO: El viaje a través del muro (12 minutos)

Ve el segmento del video correspondiente a la sesión 4. Usa el espacio en blanco para anotar todo aquello que llame tu atención.

NOTAS

Discusión en grupo (50 minutos)

Para comenzar (15 minutos)

Lee en voz alta el siguiente fragmento del libro *Espiritualidad emocionalmente sana* antes de responder la pregunta que le sigue.

> A muchos de nosotros, el muro se nos presenta por medio de una crisis que vuelve nuestro mundo al revés. Quizá llegue con un divorcio, la pérdida de un trabajo, la muerte de un amigo cercano o de un familiar, un diagnóstico de cáncer, una experiencia religiosa que nos desilusiona, una traición, un sueño destrozado, un niño caprichoso, un accidente automovilístico, la incapacidad para concebir, un deseo profundo de contraer matrimonio que no se cumple o la pérdida del gozo en nuestra relación con Dios. Nos cuestionamos y cuestionamos a Dios y a la iglesia. Descubrimos por vez primera que nuestra fe «no está funcionando». Tenemos más preguntas que respuestas, y sentimos que la columna de nuestra fe está en peligro de caer. No sabemos dónde está Dios, qué está haciendo, hacia dónde va, cómo nos lleva hacia allí, ni cuándo terminará esto... [El muro] no es simplemente un único acontecimiento que atravesamos y pasa. Es algo a lo que regresamos una y otra vez como parte de nuestra relación actual con Dios (páginas 105-106, *edición actualizada*).

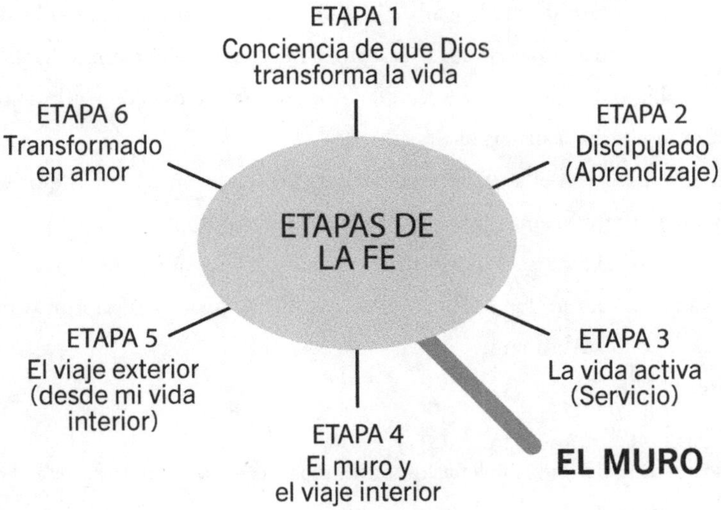

Si has tenido que atravesar algún muro, habla brevemente sobre una de las formas en que causó un impacto en ti y en tu manera de ver a Dios.

Estudio bíblico: Génesis 22:1-14 (35 minutos)

Lee en voz alta el párrafo introductorio y el pasaje de las Escrituras y después, comenta con el grupo las preguntas que siguen.

Abraham, en su peregrinar con Dios en esta tierra, pareció atravesar varios muros. Sin embargo, el más grande de todos le llegó cuando Dios le pidió que hiciera algo impensable: que le sacrificara a Isaac, su único hijo. Lee Génesis 22:1-14:

> 1 Pasado cierto tiempo, Dios puso a prueba a Abraham:
> —¡Abraham!
> —Aquí estoy —respondió.
> 2 Y Dios le ordenó:
> —Toma a tu hijo Isaac, el único que tienes y al que tanto amas, y ve a la región de Moria. Una vez allí, ofrécelo como holocausto en el monte que yo te indicaré.
> 3 Abraham se levantó de madrugada y ensilló su asno. También cortó leña para el
> holocausto y, junto con dos de sus criados y su hijo Isaac, se encaminó hacia el lugar
> que Dios había indicado. 4 Al tercer día, Abraham alzó los ojos y a lo lejos vio el
> lugar. 5 Entonces dijo a sus criados:
> —Quédense aquí con el asno. El muchacho y yo seguiremos adelante para adorar a Dios y luego regresaremos junto a ustedes.
> 6 Abraham tomó la leña del holocausto y la puso sobre los hombros de Isaac, su hijo.
> Él, por su parte, cargó con el fuego y el cuchillo. Y los dos siguieron caminando
> juntos. 7 Isaac dijo a Abraham:
> —¡Padre!
> —Dime, hijo mío.
> —Aquí tenemos el fuego y la leña —continuó Isaac—; pero ¿dónde está el cordero para el holocausto?

8 —Del cordero, hijo mío, se encargará Dios — respondió Abraham.

Y siguieron caminando juntos.

9 Cuando llegaron al lugar señalado por Dios, Abraham construyó un altar y preparó
la leña. Después ató a su hijo Isaac y lo puso sobre el altar, encima de la leña. 10
Entonces tomó el cuchillo para sacrificar a su hijo, 11 pero en ese momento el ángel
del SEÑOR le gritó desde el cielo:

—¡Abraham! ¡Abraham!

—Aquí estoy —respondió.

12 —No pongas tu mano sobre el muchacho ni le hagas ningún daño —dijo el
ángel—. Ahora sé que temes a Dios, porque ni siquiera te has negado a darme a
tu único hijo.

13 Abraham alzó la vista y en un matorral, vio un carnero enredado por los cuernos.
Fue entonces, tomó el carnero y lo ofreció como holocausto, en lugar de su hijo. 14
A ese sitio Abraham le puso por nombre: «El SEÑOR provee». Por eso hasta el día
de hoy se dice: «En el monte del SEÑOR será provisto lo necesario».

1. ¿Qué habrías sentido tú si Dios te hubiera dicho lo que le dijo a Abraham en el versículo 2: «Toma a tu hijo [...] el único que tienes y al que tanto amas [...] ofrécelo como holocausto»? (3 minutos).

2. ¿Qué aspectos de «la noche oscura del alma» pueden haber estado atormentando el alma de Abraham mientras ataba a su hijo Isaac y lo ponía sobre el altar? (*P. ej.*: el cansancio, una sensación de fracaso o de derrota, el vacío, una especie de sequía, la incredulidad, la culpa, la decepción, el sentirse abandonado por Dios) (4 minutos).

3. A la luz de esta historia, ¿cómo se ve desafiada la imagen que tienes de Dios? (4 minutos).

4. ¿Cuáles podrían ser algunas razones por las que te cueste aceptar y atravesar los muros? (Nota: Habla en primera persona, «yo»), (6 minutos).

5. Para poder crecer en Cristo, todo creyente necesita atravesar muros, o «noches oscuras del alma». Esta es la manera en que Dios nos reprograma y «purga nuestros afectos y pasiones» para que podamos disfrutar su amor y entrar en una comunión más rica y plena con él. De esta forma, nos libera de apegos poco sanos, de imágenes erróneas de quién es Dios y de las idolatrías del mundo. ¿Cómo te podría servir de aliento esta perspectiva más amplia en estos momentos? (8 minutos).

6. Este muro le dio a Abraham una revelación de Dios que lo transformaría a él y a su relación con Dios para siempre. Pudo conocer a Dios como el que provee incluso en las situaciones más desesperadas (v. 14). ¿De qué manera te da ánimo esto ante cualquier muro al que te estás enfrentando en la actualidad? (8 minutos).

Aplicación (15 minutos)

Dedica unos 5 minutos a responder de manera personal la pregunta 1.

1. Cuando Dios nos lleva a través de un muro, somos transformados. Las siguientes son cuatro características principales de la vida que se encuentran al otro lado del muro:

    - un mayor nivel de quebrantamiento;
    - una mayor apreciación de lo sagrado desconocido (misterio);
    - una capacidad más profunda para esperar en Dios y
    - un mayor desapego.

    Llevar un diario puede ser una poderosa herramienta para ayudarnos a aclarar aquellos aspectos de la vida en los que Dios está deseando transformarnos, porque ilumina lo que está pasando dentro de nosotros. Pocas herramientas nos llevan hasta «el problema detrás del problema» como cuando escribimos en un diario.

    Escoge una característica de la lista anterior en la cual sientas que Dios está tratando de obrar en ti en estos momentos. Usa el espacio en blanco para anotar lo que piensas y sientes respecto a la forma en que Dios está haciendo nacer algo nuevo en ti y/o ayudándote a desechar ideas incompletas o inmaduras acerca de él.

2. Formen grupos de dos o tres y compartan cómo sienten que Dios podría estar obrando en ustedes ahora.

VIDEO: Conclusión (9 minutos)

Ve la conclusión de la sesión 4 y usa el espacio en blanco para anotar todo aquello que llame tu atención.

NOTAS

Estudio personal entre las sesiones

SESIÓN 4

Lee el capítulo 5 del libro *Espiritualidad emocionalmente sana*: «Agranda tu alma a través del dolor y la pérdida». Utiliza el espacio en blanco para anotar todas las ideas o preguntas que quisieras llevar a la próxima reunión del grupo.

En espíritu de oración, lee la cuarta semana del devocional *Espiritualidad emocionalmente sana Día a Día*: «El viaje a través del muro». Utiliza el espacio en blanco a fin de responder las preguntas para meditar y/o escribir tus reflexiones de cada día.

Día 1 – Preguntas para meditar:

¿Qué significa para ti confiar en la lenta obra que Dios está haciendo hoy?

¿Qué tesoros podrían encontrarse en medio de la «oscuridad» o de las dificultades que enfrentas hoy en tu vida?

Día 2 – Preguntas para meditar:

¿Qué ataduras poco sanas o «ídolos» quiere Dios eliminar de tu vida a fin de guiarte a una comunión más plena y rica con él?

¿En qué cosas o personas tienes las raíces de tu identidad, que Dios quisiera quitarlas para poder trasplantar tu identidad en él?

Día 3 – Preguntas para meditar:

¿Has pasado por alguna circunstancia «terrible» que con el tiempo se convirtió en una rica bendición?

¿Qué palabras o frases de la cita de Richard Rohr son las que más te han impresionado? ¿Por qué?

Día 4 – Preguntas para meditar:

¿De qué manera te está invitando Dios a esperar en él hoy?

En tus propias palabras, habla con Dios sobre tu disposición a ir donde él te guíe. ¿Qué alegrías y/o temores acompañan esa disposición?

Día 5 – Preguntas para meditar:

¿De qué quiere Dios que te desprendas hoy?

¿Qué palabras te impresionan más de la oración que aparece en el Oficio del mediodía y la tarde de la cuarta semana? ¿Por qué?

SESIÓN 5

Agranda tu alma a través del dolor y la pérdida

Oficio Diario (10 minutos)

Lee uno de los Oficios Diarios que se encuentran en la quinta semana de *Espiritualidad emocionalmente sana Día a Día* para comenzar tu reunión. **(Líderes, por favor vean el segundo punto de las «Directrices generales» en la página 105).**

Introducción (1 minuto)

La pérdida es una situación en la que se puede alcanzar un profundo conocimiento de nosotros mismos y una transformación poderosa… si tenemos la valentía suficiente para participar plenamente en el proceso.

Todos nos enfrentamos a muchas «muertes» a lo largo de nuestra vida. Nuestra cultura habitualmente interpreta esas pérdidas y esos sufrimientos como invasiones alienígenas que interrumpen nuestra vida «normal». Nosotros tenemos que decidir si esas muertes van a ser terminales, que devastarán nuestro espíritu y nuestra vida, o si nos van a abrir a nuevas posibilidades y profundidades de transformación en Cristo.

Para irnos conectando (13 minutos)

1. El informe *Día a Día*: a través del silencio y la quietud, Dios nos invita a abrir nuestro corazón para recibir su amor inquebrantable. En una escala del 1 al 5 (1 = más bajo y 5 = más alto), ¿dónde ubicarías tu experiencia con el silencio como medio para recibir el amor de Dios?

2. Mientras crecías, ¿qué hacías cuando sufrías una decepción? Da un ejemplo.

VIDEO: Agranda tu alma a través del dolor y la pérdida
(10 minutos)

Ve el segmento del video correspondiente a la sesión 5. Usa el espacio en blanco para anotar todo aquello que llame tu atención.

NOTAS

Discusión en grupo (50 minutos)

Para comenzar (10 minutos)

Habla brevemente de una pérdida por la que hayas pasado en este último año. ¿Cómo te ha impactado esta pérdida?

Estudio bíblico: Mateo 26:36-44 (25 minutos)

Lee en voz alta el párrafo introductorio y el pasaje de las Escrituras y después, comenta con el grupo las preguntas que siguen.

El final de la vida y del ministerio terrenal, vibrante y popular de Jesús fue una enorme pérdida para sus discípulos y seguidores. También fue, como veremos, una enorme pérdida para Jesús. Lee Mateo 26:36-44:

> 36 Luego fue Jesús con sus discípulos a un lugar llamado Getsemaní y dijo: «Siéntense
> aquí mientras voy más allá a orar». 37 Se llevó a Pedro y a los dos hijos de Zebedeo,
> y comenzó a sentirse triste y angustiado. 38 «Es tal la angustia que me invade que
> me siento morir — dijo—. Quédense aquí y manténganse despiertos conmigo».
> 39 Yendo un poco más allá, se postró rostro en tierra y oró: «Padre mío, si es posible, no me hagas beber este trago amargo. Pero no sea lo que yo quiero, sino lo que quieres tú».
> 40 Luego volvió adonde estaban sus discípulos y los encontró dormidos. «¿No pudieron
> mantenerse despiertos conmigo ni una hora? — dijo a Pedro—. 41 Permanezcan
> despiertos y oren para que no caigan en tentación. El espíritu está dispuesto, pero el cuerpo es débil».
> 42 Por segunda vez se retiró y oró: «Padre mío, si no es posible evitar que yo beba este trago amargo, hágase tu voluntad».
> 43 Cuando volvió, otra vez los encontró dormidos, porque se les cerraban los ojos
> de sueño. 44 Así que los dejó y se retiró a orar por tercera vez, diciendo lo mismo.

1. A continuación encontrarás una lista de algunos de los mecanismos de defensa más comunes que usamos a menudo para protegernos del dolor y la pérdida. Marca las defensas comunes que usas a veces (5 minutos).

- ☐ Negar (el olvido selectivo).
- ☐ Minimizar (admitir que algo es incorrecto, pero de tal forma que parece menos grave de lo que realmente es).
- ☐ Culpar a otros (o a Dios).
- ☐ «Sobrespiritualizar».
- ☐ Culparnos a nosotros mismos.
- ☐ Racionalizar (inventar excusas y justificaciones).
- ☐ Intelectualizar (haciendo análisis y teorías para evitar aceptar la consciencia personal o los sentimientos difíciles).
- ☐ Distraer.
- ☐ Ponernos hostiles.
- ☐ Medicarse (con adicciones o apegos insanos para adormecer nuestro dolor).

2. Es importante que recordemos que Jesús era plenamente hombre y plenamente Dios. Pasa unos momentos centrado en la persona de Jesús en los versículos 36-41. En contraste con los «mecanismos de defensa más comunes» que marcaste en la pregunta 1, ¿cuáles eran las maneras en que él se enfrentaba a sus pérdidas y atravesaba por ellas? (8 minutos).

3. ¿Qué aspecto del ejemplo de Jesús al expresar su dolor te invita a abrazar tu propio dolor y tu pérdida? (12 minutos).

Aplicación (25 minutos)

Dedica entre 5 y 10 minutos a escribir en tu diario tus respuestas a las preguntas 1-3, que aparecen a continuación.

1. Usando la tabla que aparece a continuación, escoge dos o tres épocas de tu vida y escribe las pérdidas significativas que tuviste en esos años.

HISTORIAL DE AFLICCIONES

Edad (en años)	Pérdidas y decepciones sufridas	Tu reacción en esos momentos
3-12		
13-18		
19-25		
26-40		
41-60		
61+		

2. ¿Qué aflicciones experimentaste mientras llenabas tu historial? ¿Te reveló algo nuevo el hacerlo? Explica tu respuesta (10 minutos).

3. Hay tres fases fundamentales de la aflicción bíblica: (1) prestar atención; (2) esperar en el punto intermedio de la confusión y (3) dejar que lo pasado dé a luz lo nuevo. ¿Hay algún tipo de pérdida que aún no hayas aceptado, en la que lo nuevo siga esperando el momento de nacer? (10 minutos).

4. Divídanse en grupos de dos o tres personas y compartan sus respuestas a las preguntas 2 y 3.

VIDEO: Conclusión (8 minutos)

Ve la conclusión de la sesión 5 y usa el espacio en blanco para anotar todo aquello que llame tu atención.

NOTAS

Estudio personal entre las sesiones

SESIÓN 5

Lee el capítulo 6 del libro *Espiritualidad emocionalmente sana*: «Descubre los ritmos del Oficio Diario y el Sabbat». Utiliza el espacio en blanco para anotar todas las ideas o preguntas que quisieras llevar a la próxima reunión del grupo.

En espíritu de oración, lee la quinta semana del devocional *Espiritualidad emocionalmente sana Día a Día*: «Agranda tu alma a través del dolor y la pérdida». Utiliza el espacio en blanco a fin de responder las preguntas para meditar y/o escribir tus reflexiones de cada día.

Día 1 – Preguntas para meditar:

¿Qué significaría para ti orar diciendo: «Pero no sea lo que yo quiero, sino lo que quieres tú»?

¿Cómo piensas que Dios puede ensanchar tu alma a través de las pérdidas?

Día 2 – Preguntas para meditar:

¿De qué maneras Dios te está llevando a caer de rodillas ante él por medio de las dificultades y los reveses de tu vida?

¿Qué es lo que más te conmueve de Spafford y su relación con Cristo?

Día 3 – Preguntas para meditar:

¿Qué letrero de «camino cerrado» tienes hoy delante que podría ser la manera en que Dios te está redirigiendo hacia algo nuevo?

Menciona una o dos limitaciones que Dios haya puesto recientemente en tu vida como regalos.

Día 4 – Preguntas para meditar:

¿Qué podría significar para ti madurar al enfrentarte a la dolorosa realidad de tus pérdidas en lugar de evitarlas?

¿Cómo cambiaría tu vida de oración si le llevaras a Dios lo que *realmente* hay en tu interior, en lugar de lo que crees que *debería* haber?

Día 5 – Preguntas para meditar:

¿De qué manera(s) te sientes tentado a disfrazar o encubrir tus pérdidas y perderte la obra más profunda que Dios quiere hacer en tu interior?

¿Cómo se está acercando Dios a ti a través de las «minimuertes» que estás atravesando hoy?

SESIÓN 6

Descubre los ritmos del Oficio Diario y el Sabbat

Oficio Diario (10 minutos)

Lee uno de los Oficios Diarios que se encuentran en la sexta semana de *Espiritualidad emocionalmente sana Día a Día* para comenzar tu reunión. **(Líderes, por favor vean el segundo punto de las «Directrices generales» en la página 105).**

Introducción (1 minuto)

Muchos estamos ansiosos por desarrollar nuestra relación con Dios. Sin embargo, el problema parece estar en que, al parecer, no podemos detenernos o disminuir el ritmo lo suficiente para estar con él. Y si no estamos ocupados, nos sentimos culpables de perder el tiempo y no ser productivos. Es como ser adictos, no a las drogas ni al alcohol, sino a las actividades, al trabajo y a estar siempre haciendo algo.

Pero Dios nos está ofreciendo una manera de enraizar profundamente nuestra vida en él. Esa manera puede encontrarse en dos disciplinas antiguas que se remontan a miles de años: el Oficio Diario y el Sabbat. Cuando se ubican dentro de la cristiandad actual, el Oficio Diario y el Sabbat son actos novedosos y contraculturales que van en sentido opuesto a la corriente de nuestra apresurada cultura occidental.

El hecho de detenernos para el Oficio Diario y para el Sabbat no tiene el objetivo de añadir «una cosa más que hacer» a nuestra ya ocupada agenda. Es la reiniciación de nuestra vida entera para que se dirija a un nuevo destino: Dios mismo. Estas prácticas nos capacitan para mantenernos en sintonía con la presencia de Dios a lo largo de nuestros días y semanas.

Para irnos conectando (10 minutos)

1. El informe *Día a Día*: a lo largo de la historia de la iglesia, a menudo se ha señalado que el silencio es el primer lenguaje de Dios. Cuando guardamos silencio, damos espacio para escuchar a Dios hablar. ¿De qué nuevas maneras estás empezando a escuchar a Dios a través de tu silencio y de las lecturas de *Día a Día*?

2. En una escala del 1 al 10 (1= menos ocupado a 10 = muy ocupado), ¿qué tan ocupado estás? ¿Y en qué punto de la escala quisieras estar?

VIDEO: Descubre los ritmos del Oficio Diario y el Sabbat

(12 minutos)

Ve el segmento del video correspondiente a la sesión 6. Usa el espacio en blanco para anotar todo aquello que llame tu atención.

NOTAS

Discusión en grupo (45 minutos)

Para comenzar (10 minutos)

¿Qué práctica haces diaria/semanalmente que te ayuda a mantenerte conectado con Dios?

Estudio bíblico: Daniel 6:6-10; Éxodo 20:1-17 (35 minutos)

Lee en voz alta el párrafo de introducción y el pasaje del Libro de Daniel y luego responde las preguntas 1-3. Luego pide que otro voluntario lea los Diez Mandamientos en Éxodo 20:1-17 antes de responder las preguntas 4-6.

Después de haber sido sacado por la fuerza de su tierra y de su hogar, Daniel recibió una prestigiosa educación y un puesto de alto nivel en el gobierno. La presión que se ejerció sobre él para que se conformara con los valores paganos y mundanos de Babilonia fue grande. El siguiente ejemplo nos ayuda a ver uno de los secretos de su fiel consagración a Dios. Lee Daniel 6:6-10.

> 6 Entonces esos administradores y sátrapas fueron de común acuerdo al rey y dijeron:
> —¡Que viva para siempre el rey Darío! 7 Nosotros los administradores reales,
> junto con los prefectos, sátrapas, consejeros y gobernadores, convenimos en que Su
> Majestad debiera emitir y confirmar un decreto que exija que, durante los próximos
> treinta días, sea arrojado al foso de los leones todo el que adore a cualquier dios u
> hombre que no sea Su Majestad. 8 Expida usted ahora ese decreto y póngalo por
> escrito. Así, conforme a la ley de los medos y los persas, no podrá ser revocado.
> 9 El rey Darío expidió el decreto y lo puso por escrito.
> 10 Cuando Daniel se enteró de la publicación del decreto, se fue a su casa y subió a
> su dormitorio, cuyas ventanas se abrían en dirección a Jerusalén. Allí se arrodilló
> y se puso a orar y alabar a Dios, pues tenía por costumbre orar tres veces al día.

1. Lee de nuevo el versículo 10 en voz alta. ¿Qué te dicen las palabras de este versículo? (3 minutos).

2. ¿Cómo crees que esta práctica arraigó a Daniel en Dios y le permitió resistir la gran presión que enfrentaba? (5 minutos).

3. ¿Cuáles son los mayores obstáculos que te impiden estar con Dios una o dos veces al día? (8 minutos).

Estos son los Diez Mandamientos, tal como están registrados en Éxodo 20:1-17:

1 Dios habló, y dio a conocer todas estas palabras:

2 «Yo soy el Señor tu Dios. Yo te saqué de Egipto, del país donde eras esclavo.

3 »No tengas otros dioses además de mí.

4 No te hagas ninguna imagen, ni nada que guarde semejanza con lo que hay arriba en el cielo, ni con lo que hay abajo en la tierra, ni con lo que hay en las aguas debajo de la tierra [...]

7 No uses el nombre del Señor tu Dios en vano. Yo, el Señor, no tendré por inocente a quien se atreva a usar mi nombre en falso.

8 Acuérdate del día sábado [Sabbat] para santificarlo.
9 Trabaja seis días y haz en ellos todo lo que tengas que hacer,
10 pero el día séptimo será un día de reposo para honrar al Señor tu Dios. No hagas en ese día ningún trabajo, ni tampoco tu hijo, ni tu hija, ni tu esclavo, ni tu esclava, ni tus animales, ni tampoco los extranjeros que vivan en tus ciudades.
11 Porque en seis días hizo el Señor los cielos y la tierra, el mar y todo lo que hay en ellos, y descansó el séptimo día. Por eso el Señor bendijo y consagró el día de reposo.

12 Honra a tu padre y a tu madre, para que disfrutes de una larga vida en la tierra que te da el Señor tu Dios.

13 No mates.

14 No cometas adulterio.

15 No robes.

16 No des falso testimonio en contra de tu prójimo.

17 No codicies la casa de tu prójimo, ni codicies su esposa, ni su esclavo, ni su esclava, ni su buey, ni su asno, ni nada que le pertenezca».

4. Lee de nuevo el cuarto mandamiento, que se encuentra en los versículos 8-11. Los Sabbats bíblicos son un bloque de tiempo de 24 horas en cada semana con cuatro cualidades básicas que distinguen ese bloque de tiempo de los «días libres».

    - **Detenerse:** la idea de «detenerse» está incluida en el significado literal de la palabra hebrea. Nosotros tenemos nuestros límites. Es Dios quien está en su trono, gobernando el mundo. A nosotros nos toca soltarlo todo para confiar en él.
    - **Descansar:** una vez que nos hemos detenido, se nos llama a descansar de nuestro trabajo y de «las cosas que tenemos que hacer».
    - **Disfrutar:** debemos ir más despacio para poder disfrutar lo que Dios nos ha dado.
    - **Contemplar:** tratamos de ver lo invisible en lo visible; reconocer las formas escondidas en que el milagro de la vida nos rodea por completo en los dones que Dios nos da.

¿Qué período de 24 horas podría funcionar para ti en esta fase de tu jornada para practicar el Sabbat? (5 minutos).

5. ¿Qué es necesario que dejes de hacer relacionado con tu trabajo, tanto el remunerado como el no remunerado? (5 minutos).

6. ¿Qué actividades, lugares y/o personas te brindan descanso y disfrute en tu vida? (8 minutos).

Aplicación (25 minutos)

1. Revisa las «Preguntas frecuentes sobre el Sabbat», en las páginas 68-71. Escoge una de las preguntas de la lista. En grupos de dos o tres, comenten entre sí la respuesta a esa pregunta.

Preguntas frecuentes sobre el Sabbat

1. **¿Por qué necesito guardar el Sabbat durante un período completo de 24 horas cada semana?**
   Dios nos creó a su imagen para que tuviéramos un ritmo entre trabajo y descanso. Cuando violamos ese ritmo, perjudicamos a nuestra propia alma. Además de esto, no es lo que hacemos ni lo que producimos aquello que determina quiénes somos. Lo que determina quiénes somos es el amor incondicional que Dios nos tiene en Cristo Jesús. Por tanto, no guardamos el Sabbat para ganarnos el amor de Dios, sino que el Sabbat es un regalo de Dios para mantenernos centrados y enraizados en esa asombrosa realidad. No es accidental que esa práctica esencial de formación espiritual se encuentre en el cuarto de los Diez Mandamientos.

2. **¿Cómo puedo decidir qué actividades específicas son aceptables o inaceptables en el Sabbat?**
   Reflexiona sobre las siguientes preguntas mientras encuentras el camino que Dios quiere para ti:

   - ¿Qué necesito dejar de hacer respecto a mi trabajo, tanto remunerado como no remunerado?
   - ¿Cuáles son las actividades que me causan disfrute y descanso?
   - ¿Cómo puedo estructurar mi día para cultivar una mayor consciencia de Dios en mi vida y en el mundo?
   - ¿Qué podría ayudarme a ver la bondad y los milagros de Dios a lo largo de todo el día?

   Lynne Baab dice: «Sea lo que sea que elijamos para el Sabbat, con el tiempo debe brindarnos descanso y vida. El reto está en discernir y experimentar hasta descubrir qué funciona para nosotros y para quienes amamos; aquello que nos ayuda a recuperar el aliento y recordar quiénes somos como amados de Dios».

3. **¿Necesito un día libre y un Sabbat?**
Vas a necesitar por lo menos medio día o varias horas para prepararte para el Sabbat. Ese tiempo de preparación forma parte de la experiencia del Sabbat. ¿Qué es necesario que suceda antes de que el Sabbat comience para que tú o tu familia puedan experimentar un verdadero descanso en ese día? Una lista básica de lo que es necesario hacer antes de que comience el Sabbat podría comprender la realización de los quehaceres y las labores normales de la vida antes del Sabbat (p. ej., comprar comida, lavar la ropa, limpiar la casa, terminar tu trabajo, hacer unas últimas llamadas por teléfono, pagar cuentas). Estas cosas hacen que haya más descanso en el Sabbat y nos comunican el orden y la paz que muchos de nosotros anhelamos alcanzar.

4. **¿Qué hago con mi tendencia al perfeccionismo?**
Nunca llegamos a tener un Sabbat «perfecto». El Sabbat es un día para abandonar el perfeccionismo y dejar que sea Dios quien se ocupe de cuidar el universo. Las incoherencias, las malas decisiones y los errores que nos sirven para aprender forman parte de la experiencia. Haz todo lo posible por dejar de trabajar, y permite que Dios se preocupe de lo que no estás haciendo bien, dejando de enfocarte en ti mismo, de manera que puedas descansar en él.

5. **¿Acaso Jesús no es nuestro Sabbat? ¿Es esto otro esfuerzo más por alcanzar la justicia por medio de nuestras obras?**
Jesús afirmó el regalo del Sabbat en medio de todos los abusos que se cometían en sus días. Él es quien nos recuerda: «El sábado se hizo para el ser humano y no el ser humano para el sábado» (Mr 2:27) [sábado: Sabbat]. Guardar el Sabbat es ejercitar nuestra libertad, es decirnos a nosotros mismos que no somos una herramienta que se «emplea» ni una bestia que se carga. Guardar el Sabbat es una invitación a descansar porque Dios descansó. Este descanso nos sirve como señal de contemplación y de abundancia. Los dones de Dios a la humanidad son tan generosos que nos permiten descansar. Nuestro descanso indica que dependemos totalmente del Dios que nos redimió del pecado, la muerte y la maldad.

6. **¿Cómo puedo dejar de trabajar en ser padre/madre?**
Por supuesto, no se pueden dejar de cambiar los pañales. Sin embargo, sí puedes dejar de arreglarlo todo, cocinar, lavar y hacer compras. Como familia, pueden hacer algunas cosas juntos. Pueden contratar a una niñera para que tú y tu cónyuge tengan un tiempo a solas. O uno de los cónyuges puede tomarse un tiempo a solas, mientras el otro cuida de los hijos. Después, quien ya descansó se encarga de los niños y le da al otro la misma oportunidad.

7. **¿Qué hago con mis hijos que no se interesen en el Sabbat?**
Es importante recordar que no se trata de un día de privaciones. El Sabbat debe ser un deleite. En lugar de limitarte a quitar cosas, piensa en las cosas que puedes añadir (p. ej., postres especiales, una película, una actividad familiar creativa, siempre dependiendo de las edades de tus hijos). No es necesario que se trate de un día de familia a la fuerza. Si tus hijos son mayores, lo natural es que se quieran reunir con sus amigos. Eso está bien. Pasarán por numerosas transformaciones al guardar el Sabbat, según sus edades y temperamentos. Ahora bien, siempre que les sea posible, recuerden que esta es una oportunidad maravillosa para crear un ritmo, una intencionalidad y unas tradiciones familiares sagradas.

8. **¿Qué sucede con los deportes y las actividades extraescolares en las que podrían estar envueltos mis hijos?**
Es posible que haya algunas actividades que quieras eliminar, por el estrés que generan. En cambio, hay otras (p. ej., si a tu hijo le gusta el fútbol) que podrían continuar, pero con una actitud diferente. Puedes ir al partido de fútbol, pero sin hacer varias cosas a la vez; es decir, sin hablar por teléfono, revisar correos electrónicos ni leer documentos relacionados con tu trabajo durante los recesos o los medios tiempos. Puedes centrarte en disfrutar del juego, del contacto con otros padres o del regalo mismo que es que el cuerpo humano pueda participar en el atletismo.

9. **Al igual que Jesús, ¿cómo podemos ejercitar la compasión en el Sabbat sin convertirla en un trabajo?**
Durante mucho tiempo los judíos han creído que mostrar compasión en el Sabbat es una manera de reflejar la gloriosa abundancia del día. Descansamos del trabajo con el fin de volver nuestro corazón hacia Dios y a Dios siempre le interesan las necesidades humanas. Cuando nos detenemos para el Sabbat, puede ocurrir que nos volvamos más conscientes de los problemas del mundo que nos rodea. En última instancia, esto nos lleva a mostrar más compasión y no menos. ¡Tal vez el buen samaritano estaba en medio de su Sabbat! Solo ten cuidado de que no se trate de un «deber». Regocíjate en las pequeñas obras de atención a los demás, permitiendo que esas obras te conecten con nuestro Dios compasivo.

10. **¿Qué día es el Sabbat, el domingo o el sábado? He escuchado diferentes puntos de vista.**
Pablo aborda precisamente este tema en la iglesia judía/gentil/multicultural en Romanos 14:1-8. Esto es lo que escribe: «Uno hace diferencia entre día y día; otro juzga iguales todos los días. Cada uno esté plenamente convencido en su propia mente. El que hace caso del día, lo hace para el Señor...» (RVR 1960). Pienso que el principio clave consiste en mantener un ritmo para el mismo día de la semana en cada una de las semanas. Creo que está claro que lo mejor es que se haga alrededor de la reunión de adoración de los domingos, que forma parte de nuestra contemplación.

11. **¿Puedo servir en la iglesia como voluntario? ¿Debería dejar de hacerlo?**
Sí, puedes servir en tu comunidad de creyentes. Con la excepción de unos pocos, nuestro trabajo no está en nuestra iglesia. Trabajamos como secretarios, trabajadores sociales, maestros, abogados, contadores, padres y madres en el hogar, estudiantes, etc. Servir en nuestra comunidad eclesial no es nuestro trabajo. Es de esperar que disfrutemos servir a Cristo como encargados de jóvenes, ujieres, anfitriones, etc. También es importante recordar que mostrar misericordia y compasión fue el elemento que faltaba y que Jesús restauró a la intención original de Dios para la práctica del Sabbat. Tratar a las personas como las trata Cristo, ya sean niños, jóvenes o adultos, es el corazón de lo que intentamos hacer en nuestras iglesias.

2. En el espacio en blanco, dedica unos minutos a anotar un pequeño paso que puedas dar para comenzar a incorporar el Sabbat a tu vida como práctica de formación espiritual (o para ampliar y profundizar tu Sabbat, si ya lo practicas).

3. Comparte ese paso a otra persona.

VIDEO: Conclusión (8 minutos)

Ve la conclusión de la sesión 6 y usa el espacio en blanco para anotar todo aquello que llame tu atención.

NOTAS

Estudio personal entre las sesiones

SESIÓN 6

Lee el capítulo 7 del libro *Espiritualidad emocionalmente sana*: «Crece como un adulto emocionalmente maduro». Utiliza el espacio en blanco para anotar todas las ideas o preguntas que quisieras llevar a la próxima reunión del grupo.

En espíritu de oración, lee la sexta semana del devocional *Espiritualidad emocionalmente sana Día a Día*: «Descubre los ritmos del Oficio Diario y el Sabbat». Utiliza el espacio en blanco a fin de responder las preguntas para meditar y/o escribir tus reflexiones de cada día.

Día 1 – Preguntas para meditar:

Detente un momento para reflexionar sobre tu día. ¿Qué «semillas» de Dios podrían estar llegando a ti y que no querrías perderte?

¿Cómo percibes hoy la invitación a «detenerte para confiar en Dios»?

Día 2 – Preguntas para meditar:

¿Cuándo puedes apartar un momento a fin de tener un tiempo de silencio extenso e ininterrumpido que te permita escuchar a Dios?

¿En qué sentido estás más ocupado de lo que Dios requiere de ti?

Día 3 – Preguntas para meditar:

¿Qué te impide guardar silencio?

¿Qué te dicen los ritmos que ves en la naturaleza (la primavera, el verano, el otoño y el invierno; el día y la noche) de la clase de ritmos que quieres tener en tu propia vida?

Día 4 – Preguntas para meditar:

¿Cuál es tu mayor temor al detenerte cada semana durante un período de veinticuatro horas?

¿De qué manera guardar u honrar el Sabbat durante veinticuatro horas —o practicar un Oficio Diario, como un mini-Sabbat de pocos minutos— puede darte un adelanto de la eternidad?

Día 5 – Preguntas para meditar:

¿Cómo permitirás que Dios te conduzca hacia las «tranquilas aguas» del descanso esta semana, de modo que puedas experimentar su amor y su aceptación incondicionales?

¿Cómo podría la verdad de que Dios no quiere usarte sino disfrutarte darte una visión para celebrar el Sabbat?

SESIÓN 7

Crece como un adulto emocionalmente maduro

Oficio Diario (10 minutos)

Lee uno de los Oficios Diarios que se encuentran en la séptima semana de *Espiritualidad emocionalmente sana Día a Día* para comenzar tu reunión. **(Líderes, por favor vean el segundo punto de las «Directrices generales» en la página 105).**

Introducción (1 minuto)

El objetivo de la vida cristiana es amar bien. Jesús estaba consciente de que la espiritualidad genuina no se limitaba al amor a Dios, sino que también incluía la capacidad de amar con madurez a los demás.

Crecer hasta convertirnos en una persona cristiana madura incluye la consideración de que cada ser humano, y en esto estamos incluidos nosotros también, es sagrado, o como lo dijo Martin Buber, es un «Tú» y no un «eso». Para llegar a ser espiritualmente maduro se necesita aprender, practicar e integrar en nuestra vida capacidades como las de hablar con respeto, escuchar identificándonos con el que habla, resolver de manera justa los conflictos y descubrir las expectativas escondidas que tenemos con respecto a los demás... solo por mencionar algunas.

Como veremos en el estudio bíblico de hoy sobre la parábola del buen samaritano, tanto el respeto por sí mismo como la compasión por los demás forman parte de una vida cuyas raíces se encuentran en una relación que podríamos calificar como un «yo-tú».

Para irnos conectando (10 minutos)

1. El informe *Día a Día*: Dios nos ha diseñado no solo para el trabajo y la actividad, sino también para detenernos y descansar, a fin de cultivar nuestra relación con él. ¿Qué estás descubriendo sobre la importancia de tener un ritmo para detenerte a fin de estar en silencio y saber que él es Dios (Sal 46:10)?

2. Presenten en grupo sugerencias para hacer dos listas (en una pizarra, si hay alguna disponible): las cualidades que describen la inmadurez emocional y las que describen la madurez emocional. Mientras piensan en esas cualidades, reflexionen sobre la forma en que nos tratamos y nos consideramos a nosotros mismos, y la manera en que tratamos y consideramos a las demás personas.

Inmadurez emocional	Madurez emocional

VIDEO: Crece como un adulto emocionalmente maduro

(10 minutos)

Ve el segmento del video correspondiente a la sesión 7. Usa el espacio en blanco para anotar todo aquello que llame tu atención.

NOTAS

Discusión en grupo (45 minutos)

Para comenzar (7 minutos)

¿Por qué crees que podemos estar comprometidos y «creciendo» en Cristo y, al mismo tiempo, no estar creciendo en nuestra capacidad para estar «presentes en oración» o en amor hacia los demás?

Estudio bíblico: Lucas 10:25-37 (35 minutos)

Lee en voz alta el párrafo de introducción y el pasaje bíblico y después, comenta con tu grupo las preguntas que siguen.

¿Quién puede escuchar en los noticieros un relato sobre alguien al que lo han atracado, robado, despojado hasta de su ropa y dejado por muerto en un callejón sin salida sin sentirse afectado? Estas historias de la vida real también sucedían en los tiempos de Jesús. Y él contó una parábola que se encuentra registrada en Lucas 10:25-37, en la cual presenta una de estas historias tan perturbadoras, con un giro poco usual.

> 25 En esto se presentó un experto en la Ley y, para poner a prueba a Jesús, se puso
> de pie y le hizo esta pregunta:
> —Maestro, ¿qué debo hacer para heredar la vida eterna?
> 26 Jesús respondió:
> —¿Qué está escrito en la ley? ¿Cómo la interpretas tú?
> 27 Como respuesta el hombre citó:
> —“Ama al Señor tu Dios con todo tu corazón, con todo tu ser, con todas tus fuerzas
> y con toda tu mente” y “Ama a tu prójimo como a ti mismo”.
> 28 —Bien contestado —dijo Jesús—. Haz eso y vivirás.
> 29 Pero él quería justificarse, así que preguntó a Jesús:
> —¿Y quién es mi prójimo?
> 30 Jesús respondió:
> —Bajaba un hombre de Jerusalén a Jericó y cayó en manos de unos ladrones. Le
> quitaron la ropa, lo golpearon y se fueron, dejándolo medio muerto. 31 Resulta que
> viajaba por el mismo camino un sacerdote quien, al verlo, se desvió y siguió de largo.
> 32 Así también llegó a aquel lugar un levita y al verlo, se desvió y siguió de largo. 33
> Pero un samaritano que iba de viaje llegó adonde estaba el hombre y, viéndolo, se
> compadeció de él. 34 Se acercó, le curó las heridas con vino y aceite, y se las vendó.
> Luego lo montó sobre su propia cabalgadura, lo llevó a un alojamiento y lo cuidó.
> 35 Al día siguiente, sacó dos monedas de plata y se las dio al dueño del alojamiento.
> “Cuídemelo —le dijo—, y lo que gaste usted de más, se lo pagaré cuando yo vuelva”.
> 36 ¿Cuál de estos tres piensas que demostró ser el prójimo del que cayó en manos
> de los ladrones?
> 37 —El que se compadeció de él —contestó el experto en la Ley.
> —Anda entonces y haz tú lo mismo —concluyó Jesús.

1. Según el gran teólogo judío Martin Buber, tratamos a las demás personas como un «eso» cuando las utilizamos como medio para un fin o como objetos. Tratamos a las personas como un «tú» cuando reconocemos a cada una de ellas como un ser humano aparte, que ha sido hecho a imagen de Dios, y lo tratamos con dignidad y respeto.[1] Si tú hubieras sido el sacerdote o el levita, ¿cuáles habrían sido las razones por las que habrías pasado de largo a aquel hombre, tratándolo como un «eso» y no como un «tú»? (3 minutos).

2. Vuelve a leer los versículos 31-33. ¿Qué vio y sintió el samaritano que no vieron ni sintieron el sacerdote y el levita? (3 minutos).

3. Durante los próximos dos minutos, anota individualmente tus reflexiones sobre las siguientes preguntas. Después, pide que uno o dos voluntarios compartan sus respuestas (6 minutos).

    - ¿Recuerdas algún momento en el que te vieron bajo una luz negativa, te trataron como a un ser inferior o te pasaron de largo como si fueras invisible? ¿Cómo te sentiste?

    - ¿A quién te han enseñado a no ver/considerar (es decir, a tratar como un «eso»)?

4. Lee de nuevo los versículos 33-36. La compasión que sintió el samaritano lo llevó a detenerse para ayudar a aquel hombre herido. Al mismo tiempo, ¿cómo manifestó conocimiento de sus propias limitaciones? (6 minutos).

5. ¿Cuáles son algunos de los desafíos que enfrentas cuando se trata de amar a tu prójimo y de amarte a ti mismo? (8 minutos).

6. A la luz de la forma en que Dios se te revela por medio de este estudio, ¿cómo entenderías las palabras del versículo 37 que ordenan «andar y hacer lo mismo»? (9 minutos).

Aplicación[2] (25 minutos)

Lee en voz alta la siguiente introducción y responde las preguntas 1 y 2 de manera personal. Después, respondan en grupos de dos o tres la pregunta 3 y terminen en oración.

Una manera de crecer en el aspecto de amar bien a los demás y de tratarnos a nosotros mismos y a los demás como un «tú», es comprender de qué forma manejamos nuestras expectativas en las relaciones personales. Vemos esto, por ejemplo, en la forma en que el buen samaritano manejó las expectativas con el posadero.

Las EXPECTATIVAS son SUPOSICIONES de lo que pensamos que alguien DEBERÍA hacer. Cada vez que tenemos alguna suposición de alguien, sin comprobarla, lo más probable es que lo estemos tratando como un «eso» y no como un «tú». ¿Por qué? Porque nos estamos precipitando a sacar conclusiones sin haber comprobado la validez de nuestra suposición. Piensa en lo que sientes cuando alguien está enojado contigo porque no cumpliste con sus expectativas y, sin embargo, ese alguien nunca te había comunicado lo que esperaba de ti. Sencillamente, dio por sentado que deberías saberlo.

Las expectativas no satisfechas o poco claras pueden causar grandes conflictos en nuestros lugares de trabajo, aulas de clase, amistades, noviazgos, matrimonios, equipos deportivos, familias e iglesias. Esperamos que los demás sepan qué queremos, incluso antes de que lo digamos. El problema que tienen la mayoría de las expectativas es que son:

- **Inconscientes:** es posible que tengamos expectativas de las que ni siquiera seamos conscientes hasta que alguien nos decepcione.
- **Poco realistas:** tal vez hayamos desarrollado expectativas que no son realistas, basadas en lo que vemos en la televisión, las películas u otras personas y recursos que nos causen una impresión falsa.
- **Secretas:** quizá nunca le hayamos dicho a nuestro cónyuge, amigo o jefe lo que esperamos de él, pero nos enojamos cuando no satisface nuestras «expectativas».
- **No acordadas:** puede que hayamos tenido nuestros propios pensamientos sobre lo que esperamos de alguien, pero la otra persona nunca haya estado de acuerdo.

Las expectativas solo son válidas cuando se han adoptado de común acuerdo.

1. Piensa en una expectativa reciente sencilla que no se cumplió y que te hizo sentir enojado o decepcionado (*p. ej.*: esperaba que mi esposo me acompañara a la fiesta de mi oficina este fin de semana pasado; esperaba reunirme con los miembros de mi grupo pequeño fuera de los momentos oficiales de reunión; esperaba que mis hijos adolescentes pusieran sus platos sucios dentro del lavaplatos; el año pasado esperaba que mi jefe me diera un aumento, al menos del cinco por ciento, por la diferencia actual en el costo de la vida). Escribe tu expectativa de este tipo y luego pasa a la pregunta 2.

2. Compara ahora esa expectativa no cumplida con las preguntas que aparecen a continuación:

   - **Consciente:** ¿estabas consciente de tener esta expectativa? ¿Sabías que la tenías?

   - **Realista:** ¿es realista esta expectativa con respecto a la otra persona?

   - **Hablada:** ¿le has comunicado con claridad tu expectativa a la otra persona, o simplemente piensas que «debería saberlo»?

   - **Acordada:** ¿la otra persona está de acuerdo contigo respecto a esa expectativa?

Recuerda este principio: las expectativas solo son válidas cuando se han adoptado de común acuerdo. Estas son las expectativas que tenemos derecho a esperar que se cumplan.

3. Divídanse en grupos de dos o tres para responder a las dos preguntas siguientes:

    - ¿Qué has descubierto respecto a tus expectativas?

    - ¿Qué pasos puedes dar para hacer que tus expectativas sean conscientes, habladas, realistas y producto de un acuerdo, de manera que te estés relacionando de una forma que comprenda a un «yo» y un «tú»?

VIDEO: Conclusión (7 minutos)

Ve la conclusión de la sesión 7 y usa el espacio en blanco para anotar todo aquello que llame tu atención.

NOTAS

Estudio personal entre las sesiones

SESIÓN 7

Lee el capítulo 8 del libro *Espiritualidad emocionalmente sana*: «Sigue al próximo paso para desarrollar una "regla de vida"». Utiliza el espacio en blanco para anotar todas las ideas o preguntas que quisieras llevar a la próxima reunión del grupo.

En espíritu de oración, lee la séptima semana del devocional *Espiritualidad emocionalmente sana Día a Día*: «Crece como un adulto emocionalmente maduro». Utiliza el espacio en blanco a fin de responder las preguntas para meditar y/o escribir tus reflexiones de cada día.

Día 1 – Preguntas para meditar:

¿Qué paso puedes dar para ponerte, con todos tus defectos, en las manos de Jesús e invitarlo a moldearte hasta hacer de ti un discípulo espiritual y emocionalmente maduro?

En el día de hoy, ¿cómo puedes «practicar la presencia de la gente» al estar consciente de la presencia de Dios?

Día 2 – Preguntas para meditar:

¿Qué palabras de la cita de Henri Nouwen sobre el hijo pródigo te han impresionado más?

¿Cuál es el mayor desafío al que te enfrentas cuando tratas de permanecer quieto ante el Señor?

Día 3 – Preguntas para meditar:

¿Cómo puedes comenzar a ver a Cristo en las personas con las que te encuentres durante esta semana?

Dedica un momento a pensar en las personas con las que te vas a encontrar hoy. ¿Cómo serían las cosas si te tomaras tu tiempo para tratar a cada una de ellas como un «tú» y no como un «eso»?

Día 4 – Preguntas para meditar:

¿Qué cosas a veces te distraen de ver a las personas con las que estás tal como realmente son?

¿De qué manera podrías soltar el poder y el control para tomar amorosamente la decisión de servir a alguien en el día de hoy?

Día 5 – Preguntas para meditar:

¿Hay alguien a quien Dios te está indicando que dejes de juzgar? ¿Cómo serían las cosas si bendijeras a esa persona y actuaras con misericordia hacia ella?

¿En qué relaciones estás experimentando tensiones que prefieres no tocar por temor a empeorar las cosas?

SESIÓN 8

Sigue al próximo paso para desarrollar una «regla de vida»

Oficio Diario (10 minutos)

Lee uno de los Oficios Diarios que se encuentran en la octava semana de *Espiritualidad emocionalmente sana Día a Día* para comenzar tu reunión. **(Líderes, por favor vean el segundo punto de las «Directrices generales» en la página 105)**

Introducción (1 minuto)

Para llegar a tener un corazón capaz de tratar a todas las personas, incluyéndonos a nosotros mismos, como un «tú» y no como un «eso», necesitamos ser intencionales en nuestras vidas. Al ordenar nuestras vidas para contemplar el amor de Cristo y recibirlo, podremos compartir ese amor con los demás. De esta manera, él transforma nuestra vida en un regalo para nuestras familias, amigos, compañeros de trabajo y comunidades.

No obstante, el problema sigue siendo que siempre estamos ocupados y nos falta intencionalidad. Es frecuente que nos encontremos desenfocados, distraídos y espiritualmente a la deriva. Pocos tenemos un plan consciente para desarrollar intencionalmente nuestra vida espiritual.

Cultivar una espiritualidad fructífera en la cultura actual requiere un plan reflexivo, consciente y deliberado. Para hacer esto bien, necesitamos descubrir otro tesoro antiguo que ha permanecido enterrado: una «regla de vida».

Para irnos conectando (12 minutos)

1. El informe *Día a Día*: el objetivo de detenernos para el Oficio Diario es aumentar nuestra conciencia de la presencia de Dios a lo largo de todo el día, en medio de nuestras actividades. ¿De qué maneras nuevas, pequeñas o grandes, estás empezando a experimentar esta mayor conciencia de Dios durante el día al practicar el Oficio Diario?

2. ¿Qué es lo que más te ha impactado de este curso? (P. ej., temas de alguna sesión, el grupo de tu mesa, el silencio, el Oficio Diario, etc.). Explícalo brevemente.

- El problema de la espiritualidad emocionalmente enferma
  (Saúl: emocionalmente inconsciente y desinteresado por cultivar su relación con Dios).
- Conócete a ti mismo para que puedas conocer a Dios
  (David: viviendo con valentía de acuerdo con su yo verdadero).
- Retroceder para poder avanzar
  (José: transformado por un pasado muy difícil).
- El viaje a través del muro
  (Abraham: confiado en Dios en medio de una «noche oscura del alma»).
- Agranda tu alma a través del dolor y la pérdida
  (Jesús en el huerto de Getsemaní: aceptando la voluntad de Dios).
- Descubre los ritmos del Oficio Diario y el Sabbat
  (Daniel: sujetándose firmemente a Dios).
- Crece como un adulto emocionalmente maduro
  (El buen samaritano: modelo de una relación genuina «yo-tú» con los demás).

VIDEO: Sigue al próximo paso para desarrollar una «regla de vida» (11 minutos)

Ve el segmento del video correspondiente a la sesión 8. Usa el espacio en blanco para anotar todo aquello que llame tu atención.

NOTAS

Discusión en grupo (25 minutos)

Para comenzar (10 minutos)

Una «regla de vida» tiene sus raíces en los primeros siglos de la iglesia, cuando hombres y mujeres formaron comunidades y organizaron su vida diaria en torno a un plan intencional y deliberado para crecer y madurar espiritualmente. A este plan lo llamaron «regla de vida».

La palabra *regla* proviene del vocablo latino que podemos traducir también como «enrejado». El enrejado es una estructura que le permite a una vid levantarse del suelo y crecer hacia arriba, lo cual la hace más fructífera y productiva. De una manera semejante, la «regla de vida» es un «enrejado» que nos ayuda a mantenernos en Cristo y dar más frutos en nuestra vida espiritual.[1]

Una definición sencilla y clara de una «regla de vida» es que se trata de un plan intencional y consciente para mantener a Dios en el centro de todo lo que hacemos.

¿Qué tan intencional eres al practicar disciplinas y ritmos espirituales que te ayudan a prestar atención a Dios en todo lo que haces? Usa una escala del 1 al 10, donde 1 = para nada intencional y 10 = completamente intencional. ¿Qué número describe mejor tu situación actual? ¿Qué número refleja dónde te gustaría estar?

Estudio bíblico: Hechos 2:42-47 (15 minutos)

El Libro de los Hechos nos describe la «regla de vida» de la primera comunidad cristiana. Lee Hechos 2:42-47 y luego comenten las siguientes preguntas.

> 42 Se mantenían firmes en la enseñanza de los apóstoles, en la comunión, en el
> partimiento del pan y en la oración. 43 Todos estaban asombrados por los muchos
> prodigios y señales que realizaban los apóstoles. 44 Todos los creyentes estaban juntos
> y tenían todo en común: 45 vendían sus propiedades y posesiones, y compartían sus
> bienes entre sí según la necesidad de cada uno. 46 No dejaban de reunirse unánimes
> en el Templo ni un solo día. De casa en casa partían el pan y compartían la comida
> con alegría y generosidad, 47 alabando a Dios y disfrutando de la estimación general
> del pueblo.Y cada día el Señor añadía al grupo los que iban siendo salvos.

1. En el Libro de los Hechos se nos presenta un cuadro de la vida de la primera comunidad de creyentes, poco después de la venida del Espíritu Santo en el día de Pentecostés, en el que tres mil personas recibieron por fe a Cristo. ¿Qué es lo que más te llama la atención en este pasaje? (6 minutos).

2. A partir de este pasaje, ¿cómo describirías la «regla de vida» de esta comunidad? Describe las actividades y las disciplinas que usaban intencionalmente para crecer y madurar en Cristo (6 minutos).

Aplicación (48 minutos)

Mientras elaboras tu «regla de vida», considera el siguiente diagrama.

Fuimos creados para recibir y dar el amor de Dios. *Espiritualidad emocionalmente sana* (parte 1) fue creada para ayudarnos a recibir y dar este amor en nuestra vida diaria.

Al reflexionar sobre los temas de las siete sesiones de este curso, escribe en tu diario tus respuestas a las preguntas 1-6 en espíritu de oración (15 minutos).

1. ¿Cuál o cuáles sesiones te han resultado más útiles?

2. ¿Qué impacto positivo estás experimentando ahora en tu vida y/o en tus relaciones como resultado de haber tomado este curso?

3. ¿Cuáles podrían ser 1-3 verdades o aplicaciones en las que Dios te invita a enfocarte intencionalmente durante los próximos tres meses? Anótala(s) en la tabla que aparece a continuación. Recomendamos que comiences con entre una y tres. Cuando empieces a progresar en estas, entonces podrás pasar a otras.

Verdad/Aplicación	Tu siguiente paso	Recursos/Apoyo que puedas necesitar

4. ¿Qué obstáculos te vienen a la mente al pensar en implementar en tu vida lo nuevo que aprendiste de Dios? ¿Qué obstáculos podrías enfrentar si no lo haces?

5. ¿Qué pasos, uno o dos, podrías dar para superar los obstáculos que acabas de identificar?

6. Después de tu tiempo individual, formen grupos de dos y compartan lo que descubrieron (10 minutos).

Tiempo final en grupo (25 minutos)

Comparte tus respuestas a las siguientes preguntas.

1. Completa la siguiente frase:

   Como resultado de este curso, estoy empezando a darme cuenta de que…

2. ¿Qué esperanza o sueño tienes ahora que has terminado este curso?

VIDEO: Conclusión (7 minutos)

Ve la conclusión de la sesión 8 y usa el espacio en blanco para anotar todo aquello que llame tu atención.

NOTAS

Estudio personal para los próximos días

SESIÓN 8

En espíritu de oración, lee la octava semana del devocional *Espiritualidad emocionalmente sana Día a Día*: «Sigue al próximo paso para desarrollar una "regla de vida"». Utiliza el espacio en blanco a fin de responder las preguntas para meditar y/o escribir tus reflexiones de cada día.

Día 1 – Preguntas para meditar:

¿Qué plan tienes para no dejar al azar el cuidado de tu vida interior con Dios en medio de tus días agitados?

¿Cómo y por qué crees que dedicar tiempo a estar a solas con Dios en silencio podría «enseñarte todo»?

Día 2 – Preguntas para meditar:

¿Qué te impresionó más cuando leíste sobre el estilo de vida de los primeros cristianos en el Libro de los Hechos y cómo trataban de imitar la vida de Jesús?

¿Dónde puedes encontrar esta semana un tiempo para «contemplar la infinita belleza de Dios»?

Día 3 – Preguntas para meditar:

¿Hasta qué punto serían diferentes las cosas si tuvieras la práctica de «crear espacios abiertos» en tu vida?

¿De qué formas te podría estar buscando Dios en el presente, llamando a la puerta de tu vida?

Día 4 – Preguntas para meditar:

¿Cómo serían las cosas si tú «corrieras por la senda de los mandamientos de Dios»?

¿Cuáles líneas de la oración de Patricio te impresionan más? Llévalas hoy en tu corazón.

Día 5 – Preguntas para meditar:

¿Cuáles son los temores que traes por dentro y que podrías poner hoy en las manos de tu Abba Padre?

¿Cómo sería tu vida si el amor de Dios te invadiera y te llenara, guiándote hacia aquello que «debes hacer»?

Guía del líder

El *Curso de espiritualidad ES* (parte 1), ofrece fundamentos indispensables para integrar en la vida de tu iglesia el paradigma más amplio y profundo de la espiritualidad emocionalmente sana, que va más allá de la superficie. Pero es importante recordar que esta es solo la primera parte de un curso de dos partes titulado *Discipulado emocionalmente sano.*

Visión general del curso

El *Curso de espiritualidad ES* (parte 1) ha sido diseñado para ofrecer una experiencia educativa de alta calidad con un líder capacitado, al mismo tiempo que brinda el apoyo de una comunidad relacional dentro del contexto de un grupo pequeño.

¿Por qué?

En la iglesia New Life Fellowship y en otras iglesias alrededor del mundo, nos dimos cuenta de que este contenido era tan importante que debía ofrecerse en un formato centralizado que garantizara una experiencia enriquecedora para los participantes.

En primer lugar, queríamos que todos los recién llegados y todos los miembros entendieran cuáles son nuestros valores básicos respecto a seguir a Jesús de una forma que nos transforme profundamente. En segundo lugar, queríamos asegurarnos de que hubiera una integración a largo plazo del Discipulado emocionalmente sano en todos los aspectos de la vida de la iglesia. El llamado introductorio y radical al discipulado que contiene el *Curso de espiritualidad ES* (parte 1) sirve al mismo tiempo de punto de entrada y de puente esencial hacia la visión más amplia de la EES. Por esta razón, se ofrece el *Curso de espiritualidad ES* (parte 1) por lo menos una o dos veces al año en las iglesias junto con el *Curso de relaciones ES* (parte 2).

El Curso de espiritualidad ES (parte 1) nos entrega un paradigma de discipulado que cambia profundamente **nuestra relación con Dios**. Luego el *Curso de relaciones ES* cambia profundamente **nuestra relación con los demás**. Los dos cursos unidos forman el fundamento de una poderosa estrategia para el discipulado.

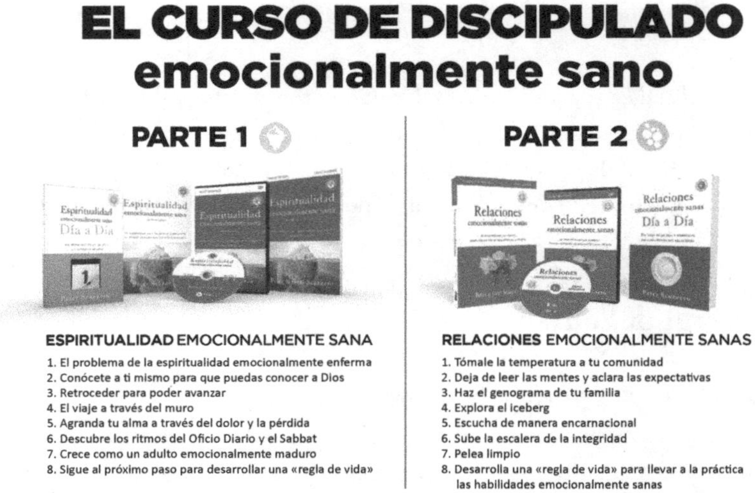

En la iglesia New Life Fellowship nuestra estrategia en el discipulado está edificada sobre estos dos cursos. Ve a www.emocionalmentesano.org para descargar diversos y excelentes recursos gratuitos que te ayuden a servir como líder del curso o como uno de los líderes de grupos pequeños.

Directrices generales

1. Asegúrate de trabajar el contenido de la guía de estudio antes de cada sesión. Familiarizarte con el material y las instrucciones te permitirá dirigir tu grupo con naturalidad. También te sugerimos que leas el capítulo o los capítulos correspondientes en el libro *Espiritualidad emocionalmente sana* antes de cada sesión. Si es posible, también te recomendamos que veas segmentos de video.
2. El líder, u otra persona designada, necesitará seleccionar un Oficio Diario para comenzar cada sesión. El Oficio Diario inicial para el grupo grande (en la sesión 1) es particularmente exigente porque será el primer encuentro con el silencio y la quietud para muchas personas. Indícales que busquen la página señalada en el libro *Espiritualidad ES Día a Día* y explícales los elementos del Oficio antes de comenzar. Explica las directrices sobre el silencio y la quietud que aparecen a continuación o

DIRECTRICES SOBRE EL SILENCIO Y LA QUIETUD

Ustedes quédense quietos, que el SEÑOR presentará batalla por ustedes. Éx. 14:14

- **Siéntate y respira hondo varias veces hasta quedar en silencio.**
- **Escoge una oración muy sencilla en la que expreses que estás abierto a Dios y que lo deseas en tu vida.**
  (*p. ej.: Abba, Padre, Espíritu Santo, Jesús, Aquí estoy*, Señor)
- **Cierra los ojos para ofrecerle esta oración a Jesús, permitiendo que su voluntad tenga acceso pleno a tu vida.**
- **Cuando notes que te distraes, ofrécele de nuevo tu sencilla oración a Dios.**

muéstralas en una diapositiva de PowerPoint como una breve orientación. Aunque es posible que el Oficio les resulte difícil a algunas personas, establecerá el ambiente para que el curso esté centrado en estar con Jesús. En www.emocionalmentesano.org puedes encontrar sugerencias específicas sobre la forma de dirigir estos Oficios cada semana y lo que puedes decir semanalmente a manera de introducción.

3. Cada sesión se divide en seis secciones:
   - Introducción
   - Para irnos conectando
   - Video, correspondiente a cada sesión

- Discusión en grupo
- Aplicación
- Video: Conclusión

Cada sesión, en conjunto con la lectura grupal de un Oficio Diario, la presentación del video y los comentarios, así como las actividades en grupo e individuales, requerirá entre 90 y 120 minutos para completarse. Respeta a todos, comenzando y terminando a las horas debidas.

4. Ten disponibles ejemplares suficientes de esta guía de estudio, del libro *Espiritualidad emocionalmente sana* y del devocional *Espiritualidad emocionalmente sana Día a Día* para que cada uno de los participantes los compre en una de las dos primeras sesiones. De ser posible, ofrece becas para quienes necesiten ayuda financiera.
5. Este curso (al igual que el de *Relaciones ES* [parte 2]) se ha impartido con éxito en línea con participantes de todo el mundo. En www.emocionalmentesano.org/escuela/ encontrarás consejos para impartir el curso en línea (por ejemplo, a través de Zoom). Si estás realizando el curso a través de Zoom, asegúrate de que la iluminación y la distancia de las personas respecto a sus cámaras sean adecuadas para que todos puedan verse con facilidad.
6. Prepara el lugar donde se van a reunir de tal manera que todos los participantes se sientan cómodos, preferiblemente en un círculo, para que todos puedan verse. Llega por lo menos quince minutos antes del comienzo de la reunión para saludar individualmente a los miembros del grupo mientras van llegando.
7. La naturaleza de este material se presta fácilmente para interactuar durante largo tiempo. Uno de tus mayores retos como líder o facilitador del grupo va a ser mantener al grupo enfocado en el tema e intercambiando sus ideas y experiencias dentro de los marcos de tiempo señalados para todas y cada una de las partes de la sesión. Recuerda que cada una de estas sesiones se habría podido extender fácilmente para convertirse en un curso completo. Las hemos mantenido juntas para que sean un marco bíblico que sirva como introducción a una vida con Dios que vaya más allá de la «una espiritualidad superficial». La puesta en práctica de estas verdades involucrará el resto de la vida de esas personas.
8. Si tu grupo es grande, te sugerimos que lo dividas en grupos más pequeños

de tres o cuatro personas, de manera que todos tengan la oportunidad de participar.

9. Cuando sea adecuado, te será útil guiarlos mediante el ejemplo, siendo vulnerable y abierto con ejemplos de vida tomados de tu propio caminar. Recuerda que solo somos expertos en *nuestro propio* caminar.
10. Respeta el lugar en que se encuentra cada persona en su caminar con Cristo. El Espíritu Santo va a impulsar y guiar a cada persona de manera diferente y a un ritmo distinto, por medio de este material. Recuerda que la gente cambia lentamente... ¡y eso te incluye a ti también!
11. Estar con Jesús es el núcleo mismo del *Curso de espiritualidad ES* (parte 1) y del *Curso de relaciones ES* (parte 2). Aprender la práctica del silencio para escuchar a Dios y *estar con él* dos o tres veces al día es la disciplina central que lleva a una profunda transformación personal. Es necesario que te asegures de reunirte fielmente con Dios cada día en silencio y quietud, usando *Espiritualidad emocionalmente sana Día a Día: Un camino de 40 Días con el Oficio Diario* y animando a los participantes a hacer lo mismo.

    A partir de la sesión 2, en la sección «Para irnos conectando», hacemos una pregunta cada semana para enfatizar la importancia de que las personas se conecten personalmente con Jesús durante la semana a través del devocional *Espiritualidad emocionalmente sana Día a Día* (y especialmente mediante el silencio y la quietud).

Sugerencias adicionales[1]

1. Evita responder tus propias preguntas. Siéntete con la libertad de repetir una pregunta de otra manera.
2. Anima a los integrantes del grupo a dar más de una respuesta a cada pregunta. Diles: «¿Qué piensan los demás?» o bien «¿alguien más quiere decir algo?».
3. Trata de apoyar a los demás cada vez que te sea posible. Hazles saber que aprecias sus contribuciones.
4. Trata de no rechazar ninguna respuesta. Si es claramente incorrecta, pregunta: «¿Qué hay en el pasaje que te llevó a esa conclusión?».
5. Evita salirte por la tangente. Si se desvían del tema, vuélvelos a traer con amabilidad al tema del que están hablando.

Directrices específicas para cada sesión

SESIÓN 1: El problema de la espiritualidad emocionalmente enferma

Además de las directrices generales, a continuación encontrarás otros detalles útiles que vale la pena tener en cuenta dentro de cada sección:

Antes de la sesión

- Lee el capítulo 1 del libro *Espiritualidad emocionalmente sana.*
- Para comenzar esta sesión, escoge un Oficio Diario entre los señalados para la primera semana de *Espiritualidad emocionalmente sana Día a Día*. Necesitarás 2-3 minutos para presentar las ideas del Oficio Diario y de la quietud y el silencio. Busca el punto 2 en las Directrices generales, página 105.

Introducción

- Asegúrate de leer en voz alta las «Directrices sugeridas para grupos» (páginas xi–xii) en las dos primeras sesiones.

Para irnos conectando

- En la primera sesión, la sección «Para irnos conectando» es más extensa que la mayoría de las demás, ya que busca dar tiempo para revisar las directrices sugeridas y para que los participantes se conozcan entre sí mediante el segundo ejercicio: «Comparte tu nombre y algunas palabras que describan lo que te hace sentir lleno de vida». Te sugerimos preparar tu respuesta con antelación para que puedas compartir un ejemplo concreto de tu propia experiencia.

Estudio bíblico

- (*Pregunta 1*) El hecho de que Dios le ordenara a Saúl atacar «a los amalecitas... Destruir por completo todo lo que les pertenezca» (1 S 15:3) plantea la difícil pregunta de por qué Dios le pediría hacer algo así. Presenta un problema grande y difícil con el que los teólogos han luchado durante 2000 años. La Biblia no ofrece una respuesta clara y definitiva; sin duda, es una de las cosas que no comprendemos plenamente acerca de Dios y de sus caminos. Por lo tanto, queremos ser cuidadosos de no ofrecer respuestas simplistas a este problema. Más bien, queremos ayudar a las personas a enfrentarlo a la luz del plan más amplio de Dios de entrar en nuestro mundo para salvarnos y hacer espacio para que la vida florezca.

Si esta pregunta más amplia surge en tu grupo, decir «no lo sé» es una excelente respuesta, especialmente considerando las limitaciones de tiempo de la sesión uno.

No obstante, existen varios libros excelentes sobre el tema que pueden ser de ayuda para ti y/o para los participantes del curso que estén luchando con esta cuestión: Christopher Wright, *The God I Don't Understand: Reflections on Tough Questions of Faith* (Grand Rapids: Zondervan, 2008); L. Daniel Hawk, *The Violence of the Biblical God: Canonical Narrative and Christian Faith* (Grand Rapids: Eerdmans, 2019); y Eric A. Seibert, *The Violence of Scripture: Overcoming the Old Testament's Troubling Legacy* (Minneapolis: Fortress Press, 2012).

- (*Preguntas 1 y 2*) Notarás que el tiempo asignado para las dos primeras preguntas es breve (permitiendo que solo 1-3 personas respondan), mientras que se dedica mucho más tiempo a las preguntas finales, donde querrás que participen tantas personas como sea posible. ¿Por qué? Estas son las preguntas más profundas, en las que buscamos aplicar la Escritura a la vida personal de la gente. Notarás este tipo de progresión en todos los estudios bíblicos.
- (*Pregunta 2*) Algunas posibilidades son:
  - No es consciente de sus motivaciones mixtas.
  - Tiene un sentido exagerado de quién es en vez de mostrar humildad y reconocer su absoluta dependencia de Dios.
  - No es enseñable.
  - No reconoce que está fingiendo ser alguien que no es (es decir, muestra un falso yo).
- (*Pregunta 3*) Los siguientes son ejemplos de personas que realizan actividades religiosas, pero estas permanecen desconectadas de sus vidas:
  - «Creo que Dios es amor y voy a la iglesia, pero no soporto a la gente en el trabajo que me irrita, ignora o lastima».
  - «Leo mucho la Biblia, pero a menudo me muestro agitado e impaciente con los demás».
  - «Sirvo en la iglesia, pero paso poco tiempo desarrollando mi relación con Jesús por mi cuenta».
  - «Canto canciones sobre el amor de Jesús, pero juzgo a la gente que ve el mundo de forma diferente a la mía».
  - «Digo que soy un seguidor de Jesús, pero rara vez oro y lo escucho antes de tomar decisiones».
- (*Pregunta 4*) A veces, nuestro falso yo se ha convertido en una parte tan importante de lo que somos que ni siquiera nos damos cuenta de ello. Las consecuencias

(miedo, autoprotección, posesividad, manipulación, tendencias autodestructivas, autopromoción, autocomplacencia y necesidad de diferenciarnos de los demás) son más difíciles de esconder (páginas 55-56, *Espiritualidad emocionalmente sana*).

- (*Pregunta 4*) Para quienes no han leído el libro, conviene explicar la ilustración del iceberg que se encuentra en la página 17 del capítulo 1 de *Espiritualidad emocionalmente sana*.

SESIÓN 2: Conócete a ti mismo para que puedas conocer a Dios

Además de las directrices generales, a continuación encontrarás otros detalles útiles que vale la pena tener en cuenta dentro de cada sección:

Antes de la sesión

- Lee el capítulo 2 del libro *Espiritualidad emocionalmente sana*.
- Para comenzar esta sesión, escoge un Oficio Diario entre los señalados para la segunda semana de *Espiritualidad emocionalmente sana Día a Día*. Vuelve a dedicar el tiempo, si es necesario, para explicar el Oficio Diario y el principio de quietud y silencio. Lee el punto 2 de las «Directrices generales».

Introducción

- Lee de nuevo en voz alta las «Directrices sugeridas para grupos» (páginas xi-xii).

Para irnos conectando

- Ten a disposición ejemplares de la guía de estudio del *Curso de espiritualidad emocionalmente sana*, del libro *Espiritualidad emocionalmente sana* y del devocional *Espiritualidad emocionalmente sana Día a Día* para los que se incorporen hoy al grupo.
- (*Pregunta 1*) Esta es la primera vez que se hará el informe sobre las lecturas de *Espiritualidad ES Día a Día* que hizo el grupo la semana pasada. Pide a dos o tres personas que compartan sus reflexiones/experiencias. Recomendamos unos 7 minutos para el informe y 10 minutos para la pregunta 2.
- (*Pregunta 2*) Ten en cuenta que esta pregunta acerca del trabajo soñado por las personas les ofrece con frecuencia tanto al que habla como a los que forman el grupo una sorprendente visión de su «yo verdadero».

Para comenzar

- Tal vez quieras leer de nuevo la sección «Cómo descubrir la voluntad de Dios y tus emociones» en el libro *Espiritualidad emocionalmente sana* (páginas 47-48), donde hallarás un breve resumen del papel que desempeñan las emociones en el esfuerzo por discernir la voluntad de Dios.
- (*Preguntas 1 y 2*) Este ejercicio les podría causar un gran sufrimiento a algunos de los miembros del grupo (*p. ej.*:una ira no resuelta, una tristeza que no se ha llorado, una vergüenza que se ha enmascarado). Recuerda que este es un ejercicio limitado con una sola meta: ayudar a las personas a *comenzar* a estar conscientes de lo mucho que sucede en su interior. No es el momento adecuado para arreglar problemas o dar consejos. Es un gran don brindarles a las personas el espacio necesario para expresar sus sentimientos. Si se abre la «caja de Pandora» en el caso de algún miembro del grupo, agradécele a esa persona que esté consciente de sus problemas y haya sido vulnerable en cuanto a ellos, e indícale que te agradaría hablar con ella después de la reunión, si quiere hacerlo. Es importante que reconozcan que tu papel es el de facilitador y líder de un grupo pequeño y que no eres un consejero profesional. En algunos casos, tal vez necesites dirigir a las personas a buscar la ayuda que necesitan más allá de los límites de tu grupo.

Estudio bíblico

- Nuevamente, notarás que se dedica más tiempo a las dos últimas preguntas que a las dos primeras, que están más orientadas a la observación.
- Una manera muy útil de aclarar este proceso de crecimiento hasta llegar a ser nuestro yo verdadero es mediante el uso de un término nuevo: *diferenciación*. Este se refiere a la capacidad de una persona para «definir sus propias metas y valores de vida al margen de las presiones de quienes la rodean». El énfasis principal de la diferenciación es la capacidad de pensar con claridad y detenimiento como otro medio para conocernos a nosotros mismos, además de los sentimientos.

  Comprende la capacidad de distinguir quién eres de quién no eres. Tu nivel de diferenciación se mide por tu capacidad de afirmar tus valores y metas personales frente a las presiones externas (separación), sin perder la cercanía con las personas importantes en tu vida (relación). Las personas con un alto nivel de diferenciación —como David en este relato bíblico— pueden decidir cómo comportarse sin dejarse controlar por la aprobación o desaprobación de los demás. La intensidad de los sentimientos, el alto nivel de estrés o la ansiedad de quienes las rodean no abruman su capacidad de pensar con claridad.

  Si dispones de tiempo adicional en tu grupo, puedes añadir la siguiente pregunta: Dicha en términos modernos, la capacidad de David para tener un firme sentido de quién era y quién no era en medio de grandes pruebas y presiones es llamada *diferenciación*. Si David hubiera estado menos diferenciado, ¿cómo habría respondido a sus hermanos, a Saúl y a Goliat?

- (*Pregunta 3*) Las posibles respuestas incluyen:
    - Él tiene una relación personal, viva y vital con Dios (es una experiencia vívida, no solo un conocimiento o una actividad religiosa que lleva a cabo).
    - Está profundamente en sintonía consigo mismo.
    - Recuerda las victorias sobre el león y el oso de su pasado (más pequeñas, pero lo suficientemente significativas como para darle el valor de confiar en Dios aquí).
    - Tiene una buena comprensión interior de quién es (dones y talentos). «Soy un pastor, muy hábil con una honda y piedras. No soy un soldado profesional». Así que se quita la armadura de Saúl.
    - Es capaz de hablar clara, honesta y respetuosamente en su propio nombre, incluso a las figuras de autoridad y las personas mayores que él.
    - No necesita la aprobación de los demás (es decir, una identidad reflejada) para sentirse digno de amor o «bien consigo mismo».
    - No es fácil que su familia, Saúl o Goliat lo provoquen.
    - No está ansioso.

SESIÓN 3: Retroceder para poder avanzar

Además de las directrices generales, a continuación encontrarás otros detalles útiles que vale la pena tener en cuenta dentro de cada sección:

Antes de la sesión

- Lee el capítulo 3 del libro *Espiritualidad emocionalmente sana*.
- Para comenzar la sesión, escoge un Oficio Diario entre los señalados para la tercera semana de *Espiritualidad emocionalmente sana Día a Día*.

Estudio bíblico

- (*Pregunta 3*) No tenemos manera de saber con seguridad cuál es la razón por la cual José lloró, aunque existen numerosas posibilidades. Tal vez haya llorado porque sabía que Jacob nunca le había indicado que no les debía hacer daño a sus hermanos. Quizá se haya dado cuenta de que, en realidad, ellos nunca iban a cambiar, puesto que seguían mintiendo. O tal vez fuera que, al fin, estaban admitiendo su terrible crueldad y sus pecados contra él, y lloraba porque finalmente habían reconocido o admitido sus sufrimientos. Incluso es posible que fueran lágrimas de gozo al darse cuenta de que aquello era el cumplimiento de su sueño registrado en Génesis 37, o que todos los sufrimientos de su vida lo habían llevado a la verdad de aquel momento en el cual tenía que tomar la importante decisión de perdonarlos o no.

Aplicación

- (*Pregunta 1*) Anima a quienes ya hayan trabajado previamente en su familia de origen o hayan completado el cuadro antes de la reunión a reflexionar nuevamente sobre este ejercicio en un espíritu de oración. Dios nos sorprende con frecuencia, dándonos una nueva comprensión cuando tenemos espacio para contemplar estos mensajes en su presencia.

SESIÓN 4: El viaje a través del muro

Además de las directrices generales, a continuación encontrarás otros detalles útiles que vale la pena tener en cuenta dentro de cada sección:

Antes de la sesión

- Lee el capítulo 4 del libro *Espiritualidad emocionalmente sana*.
- Para comenzar la sesión, escoge un Oficio Diario entre los señalados para la cuarta semana de *Espiritualidad emocionalmente sana Día a Día*.

Para irnos conectando

- (*Pregunta 2*) La semana pasada, en «Retroceder para poder avanzar», hablamos sobre los mensajes que recibimos de nuestras familias de origen. Esta semana nos enfocamos en los mensajes erróneos que hemos recibido sobre Dios, tales como: «Si obedezco a Dios, no me pasarán cosas malas»; «si te deleitas en el Señor, él te concederá todo lo que deseas»; «seguir a Jesús dará como resultado una vida próspera, saludable y exitosa, sin demasiados problemas»; «si aceptas a Jesús, vivirás feliz para siempre».

Para comenzar

- Por lo general, a las personas les toma tiempo (¡a veces mucho tiempo!) compartir sobre algún muro que haya existido en su vida. Puesto que disponen de un tiempo limitado para responder a esta pregunta, te sugerimos que en tu calidad de líder y facilitador uses ese tiempo para hablar acerca de un muro que *hayas* experimentado en tu propia vida. Hemos descubierto que algunas veces, un testimonio bien pensado puede ser mejor que una explicación abierta. Sin embargo, eso significa que solo una o dos personas tendrán tiempo suficiente para hablar.

Estudio bíblico

- (*Pregunta 4*) Muchas veces llevamos en nuestro interior creencias o ideas erróneas con respecto a Dios. Por ejemplo, comprendemos las palabras «deléitate en el SEÑOR y él te concederá los deseos de tu corazón» (Sal 37:4) en el sentido de que si hacemos todo lo que pensamos que Dios quiere, entonces solo nos pueden pasar cosas buenas. El problema está en que esto contradice otros textos de las Escrituras, como el texto que estamos usando aquí. Hasta donde lo señalan las Escrituras, Abraham estaba cumpliendo con la voluntad de Dios. ¡Sin embargo, podemos estar seguros de que no tenía en su corazón deseo alguno de matar a su hijo! Job es otro ejemplo clásico. Era un hombre inocente que estaba sufriendo; lo que hace que su vida sea tan desconcertante es el hecho de que esos sufrimientos eran inmerecidos. El principio de que cosechamos lo que hemos sembrado (Gá 6:7-8) no se le podía aplicar a Job, como alegaron sus amigos en los capítulos 3-37 del libro. Por esta razón, en el caso de muchos creyentes, aceptar nuestros muros con frecuencia suele derivar en una crisis de fe, en lugar de convertirse en una puerta abierta a la transformación.

SESIÓN 5: Agranda tu alma a través del dolor y la pérdida

Además de las directrices generales, a continuación encontrarás otros detalles útiles que vale la pena tener en cuenta dentro de cada sección:

Antes de la sesión

- Lee el capítulo 5 del libro *Espiritualidad emocionalmente sana*.
- Para comenzar la sesión, escoge un Oficio Diario entre los señalados para la quinta semana de *Espiritualidad emocionalmente sana Día a Día*.

Estudio bíblico

- (*Pregunta 1*) Esta lista se explica en el capítulo sobre el dolor y la pérdida del libro *Espiritualidad emocionalmente sana*, por lo que puedes remitir a las personas a esas páginas si lo deseas.
- (*Pregunta 2*) Jesús sintió profundamente su aflicción y su sufrimiento. No les trató de hallar el lado positivo ni los espiritualizó para eliminarlos. Admitió

abiertamente su aflicción ante los que estaban junto a él y les pidió apoyo. Oró repetidamente para que su Padre le ofreciera una alternativa, pero terminó aceptando el «no» del Padre. Lo vemos pasar por un proceso que va desde luchar para aceptar la voluntad del Padre hasta terminar levantándose para aceptarla.

Aplicación

- *(Pregunta 2)* Si tienes tiempo, puedes hacer una «ronda» para dar la oportunidad a todos de compartir cómo fue para ellos completar el cuadro (p. ej., «no me permito estar triste, así que fue muy difícil»; «fue como abrir la caja de Pandora»; «necesité una semana»).
- *(Pregunta 3)* Nuevamente, si dispones de tiempo, puedes ampliar esta pregunta planteando:
  - ¿A qué dolor no le estás **prestando atención**?
  - ¿Qué no estás llevando a Dios o por qué no estás **esperando en él**?
  - ¿Estás permitiendo que surja **algo nuevo** a partir de la pérdida o del dolor?

  Al guiar a los participantes a través de las preguntas de aplicación, ten en cuenta que, en última instancia, buscamos ayudarles a ver o responder lo siguiente: *¿Cuál podría ser la invitación de Dios para ti?*.
- (*Pregunta 3*) Hay dos preguntas que se hacen con frecuencia acerca de la angustia.
  1. ¿Cómo sé que estoy afligido o que debería estarlo?

     Una manera de saber si estás afligido es ver si estás experimentando algunos de los síntomas siguientes que acompañan normalmente las etapas de la aflicción: depresión, enojo, incredulidad, anhelos o negociación. Por otra parte, si estás atravesando una pérdida significativa pero no experimentas ninguno de los sentimientos anteriores, tal vez necesites que alguien maduro y objetivo, que no forme parte de la situación, te ayude a atravesar el proceso.
  2. ¿Cómo sé que ya he terminado de sentirme afligido?

     Son muchos los factores que influyen en el tiempo que necesitamos para superar una aflicción. Por ejemplo, mientras más profunda sea la pérdida, más tiempo necesitaremos para procesar nuestra aflicción. La pérdida que sentimos cuando un hijo deja el hogar para irse a estudiar a una universidad es muy diferente a la pérdida que se habría sentido si ese hijo hubiera muerto de manera trágica. Otro factor es respetar el hecho de que Dios nos ha creado diferentes a todos. El tiempo que tú necesites y el que necesite yo pueden ser muy distintos. Un principio clave consiste en no censurar los sentimientos que surgen en nosotros de repente como resultado de la pérdida. Permítete, como hicieron Jesús y David, sentirlos profundamente delante de Dios. El hecho de censurar ciertos sentimientos porque son «malos» solo sirve para prolongar o abortar el proceso de discipulado necesario para que se produzca una transformación a largo plazo en nuestra vida.

SESIÓN 6: Descubre los ritmos del Oficio Diario y el Sabbat

Además de las directrices generales, a continuación encontrarás otros detalles útiles que vale la pena tener en cuenta dentro de cada sección:

Antes de la sesión

- Lee el capítulo 6 del libro *Espiritualidad emocionalmente sana*. La palabra clave para esta sesión es *ritmos,* tanto en nuestros días como en nuestras semanas. Puesto que hemos estado usando modelos de Oficios Diarios todas las semanas, y hablando del progreso de las personas cada semana en el desarrollo de un ritmo diario, este estudio estará enfocado en el Sabbat.
- Para mayor información sobre el Sabbat, consulta la sexta semana del devocional *Espiritualidad emocionalmente sana Día a Día* para iniciar la sesión.

Para comenzar

- El Oficio Diario es una práctica aprendida que lleva tiempo. Les va a resultar difícil a algunos; a otros no les resultará lo suficientemente largo. Otros tendrán que luchar con el ruido que llevan en su interior. Tienes que estar preparado para la aparición de una amplia variedad de reacciones. Es de esperar que muchos se hayan adaptado con tranquilidad al ritmo del Oficio Diario si lo han estado practicando desde que comenzó el curso. Para mayor información sobre el Sabbat, consulta www.emocionalmentesano.org.

Estudio bíblico

- (*Pregunta 2*) El concepto del Oficio Diario tiene una rica historia que se remonta a David, a Daniel, a los judíos de los tiempos de Jesús y a los primeros años de la iglesia. Es un ritmo en el que nos detenemos para estar con Dios en momentos fijos a lo largo del día, cuando estamos activos, con el fin de «practicar la presencia de Dios». Daniel es un modelo ejemplar de esto para nosotros. Por supuesto, Jesús también lo es, ya que lo vemos apartarse de todos para orar con gran frecuencia (Lc 4:42-44; 5:12; 6:12-13; 11:1).

- (*Pregunta 4*) Una pregunta alternativa podría ser: «¿Qué obstáculos enfrentas para establecer un período constante de 24 horas cada semana para el Sabbat?».

Aplicación

- Las preguntas concretas que tienen las personas podrían ir más allá de las preguntas frecuentes que aparecen en las páginas 68-71. Está bien decir «no lo sé» y sentirnos cómodos con nuestro propio proceso en cuanto a la práctica del Sabbat. Para un estudio más amplio del tema del Sabbat, lee el capítulo 4: «Practica el deleite en el Sabbat», en *El líder emocionalmente sano* (Vida, 2016). Otro recurso excelente fue escrito por Wayne Mueller: *Sabbath: Finding Rest, Renewal, and Delight in Our Busy Lives* (Nueva York: Bantam, 1999). También se pueden encontrar sermones gratuitos sobre el Sabbat en www.emocionalmentesano.org. Por último, recuerda que el propósito de esta sesión es darles a las personas una introducción al Sabbat y no proporcionarles un estudio exhaustivo.
- (*Pregunta 3*) Dependiendo del tamaño de tu grupo y del tiempo disponible, quizá quieras mantener a todos juntos.

SESIÓN 7: Crece como un adulto emocionalmente maduro

Además de las directrices generales, a continuación encontrarás otros detalles útiles que vale la pena tener en cuenta dentro de cada sección:

Antes de la sesión

- Lee el capítulo 7 del libro *Espiritualidad emocionalmente sana.*
- Para comenzar la sesión, escoge un Oficio Diario entre los señalados para la séptima semana de *Espiritualidad emocionalmente sana Día a Día.*

Para irnos conectando

- (*Pregunta 2*) Querrás ir a las páginas 174-176 en el capítulo 7 que describe las características de los bebés, niños, adolescentes y adultos emocionales.

Para comenzar

- ¡Ten presente que esto puede derivar en una animada discusión! Los siguientes son ejemplos de posibles respuestas: a menudo enfatizamos la productividad espiritual y los dones, pasando por alto rasgos de carácter problemáticos; también equiparamos el conocimiento de la Escritura con la madurez espiritual e ignoramos la inmadurez emocional; amar bien es mucho más difícil de medir que el contenido y que hacer ministerio para Dios. Así que ve preparado para terminar esta discusión dentro del tiempo señalado para ella y seguir a la sección siguiente.

Estudio bíblico

- (*Pregunta 5*) Es importante que mantengamos una tensión creativa y un equilibrio saludable entre el cuidado personal y nuestra entrega. Cuando se vive en cualquiera de los dos extremos, terminamos resentidos con las personas o ignorando por completo a los necesitados que nos rodean. El samaritano se detuvo para ayudar a aquel hombre que estaba herido. Al mismo tiempo, tuvo la conciencia de sí mismo y el respeto a su propia persona para reconocer sus limitaciones, y decidió continuar su propio viaje al día siguiente. Es necesario que haya un equilibrio saludable entre el cuidado personal y la entrega de nuestra vida para poder vivir una relación de «yo-tú», tanto con respecto a nosotros mismos como con respecto a los demás.

Aplicación

- (*Preguntas 1 y 2*) Adviérteles de antemano a los participantes que eviten ejemplos relacionados con expectativas que tengan que ver con temas o responsabilidades morales (*p. ej.*: la violencia doméstica, el adulterio, los papeles de los padres en la crianza de los hijos, la integridad financiera en las iglesias). Estos temas se hallan más allá del alcance de este ejercicio.
- (*Pregunta 3*) Querrás repasar la habilidad de aclarar expectativas del *Curso de relaciones emocionalmente sanas*, sesión 2, como preparación para esta sección.

  Después de comentar la respuesta a la pregunta, también puedes considerar hacer una dinámica de juego de roles con las personas de tu grupo, ayudándoles a ver cómo podría ser un amor «sano y maduro».

  Por ejemplo, puedes representar a la persona con la que estás aclarando la expectativa o asumir su papel y practicar cómo aclarar una expectativa con ella. A veces «jugamos» su papel mientras ellos «juegan» el papel de la persona con la que tienen las expectativas. Por ejemplo:

  Geri (haciendo el papel de Julie): *Candace, ¿puedo comprobar una expectativa que me hice de ti, pero que en realidad nunca acordamos?*

  Candace: *Claro.*

  Geri (como Julie): *Pensaba que me enviarías un mensaje si ibas a llegar más de 15 minutos tarde a nuestras reuniones (aunque nunca lo mencioné, por supuesto). Así que ahora quisiera preguntarte si estarías dispuesta a hacerlo, es decir, enviarme un mensaje cuando vayas a llegar con más de 15 minutos de retraso.*

Candace: *Claro, Julie, puedo hacerlo.*

SESIÓN 8: Sigue al próximo paso para desarrollar una «regla de vida»

Además de las directrices generales, a continuación encontrarás otros detalles útiles que vale la pena tener en cuenta dentro de cada sección:

Antes de la sesión

- Lee el capítulo 8 del libro *Espiritualidad emocionalmente sana.*
- Para comenzar la sesión, escoge un Oficio Diario entre los señalados para la octava semana de *Espiritualidad emocionalmente sana Día a Día.*

Estudio bíblico

- Ten en cuenta que se le han dedicado deliberadamente solo 15 minutos a esta sección de estudio bíblico. Hemos puesto el énfasis de esta última reunión en la sección de «Aplicación», que requiere aproximadamente 45 minutos.
- (*Pregunta 2*) Observa que en la descripción de la iglesia que se hace en el Libro de los Hechos no hay indicio alguno de legalismo ni de «obligaciones». Jesús dijo: «Vengan a mí todos ustedes que están cansados y agobiados [...] mi yugo es suave y mi carga es liviana» (Mt 11:28-30). De la misma manera, cualquier «regla de vida» saludable que desarrollemos debe ajustarse a cómo Dios nos ha hecho en esta etapa particular de nuestra vida.

Aplicación

- El tiempo final de «Aplicación» es la parte más importante de esta sesión. Y, en particular, el tiempo final en grupo (*pregunta 2*) es el más importante, ya que proporcionará a las personas un resumen de todo el curso y dará al grupo una buena sensación de cierre.
  Asegúrate de ajustar el ritmo de la sesión para que este tiempo no se reduzca.
- Opción adicional: si tienes tiempo o puedes extender la sesión por 15 minutos, invita a personas de diferentes grupos de mesa a compartir con toda la clase, completando la siguiente frase: *«Como resultado de este curso, estoy comenzando a darme cuenta de que...»*. Esto brinda a las personas una visión aún más amplia de lo que Dios ha estado haciendo en medio de ustedes durante estas 8 semanas. Geri y yo rara vez enseñamos esta clase sin incluir este momento al final del curso.

Notas

Sesión 1: El problema de una espiritualidad emocionalmente enferma

1. Para tener una comprensión más completa de lo que queremos decir al hablar de salud emocional y de espiritualidad contemplativa, lee el libro *Espiritualidad emocionalmente sana*, pp. 220-221.
2. Ver *Espiritualidad emocionalmente sana*, pp. 220-221.

Sesión 7: Crece como un adulto emocionalmente maduro

1. Para un comentario más completo sobre la distinción hecha por Martin Buber entre las relaciones «yo-eso» y las «yo-tú», ver *Espiritualidad emocionalmente sana*, pp. 179-181.
2. Este ejercicio ha sido adaptado del libro de Pat Ennis llamado *The Third Option: An Ongoing Program to Build Better Marriages*, manual del maestro, Tema #3, «Expectations», pp. 1-9.

Sesión 8: Sigue al próximo paso para desarrollar una «regla de vida»

1. Recuerda que una «regla de vida» solo es un plan consciente e intencional para mantener a Dios en el centro de todo lo que hacemos. Nos sirve de guía que nos ayuda a recordar continuamente a Dios como la fuente de nuestra vida. Incluye nuestra combinación única de prácticas espirituales que nos dan estructura y dirección para que centremos nuestra atención en Dios de manera deliberada y lo recordemos en todo lo que hagamos.

Guía del líder

1. Adoptado de James F. Nyquist y Jack Kuhatschek, *Leading Bible Discussions* (Downers Grove, IL: InterVarsity Press, 1985).

Acerca de los autores

Geri Scazzero es la autora del *best seller Mujer emocionalmente sana* y coautora del *Curso de discipulado emocionalmente sano: parte 1 y 2*. Junto con su esposo, Peter, es cofundadora de Discipulado emocionalmente sano, un ministerio comprometido con transformar la cultura de la iglesia mediante la multiplicación de líderes y discípulos profundamente transformados.

Geri ha servido en el personal de la iglesia New Life Fellowship en la ciudad de Nueva York durante los últimos veintinueve años y actualmente sirve en el equipo de liderazgo de Discipulado emocionalmente sano.

Conecta con Geri en Facebook (www.facebook.com/Geriscazzero).

Pete Scazzero es, junto con su esposa Geri, el fundador de Discipulado emocionalmente sano. Este recorrido comenzó cuando Pete fundó la iglesia New Life Fellowship en Queens, Nueva York, una iglesia grande y multirracial con más de setenta y tres países representados, donde sirvió como pastor principal durante veintiséis años.

Pete presenta el pódcast líder en su categoría *Emotionally Healthy Leader [Líder emocionalmente sano]* y es autor de varios *best seller*, incluidos *El líder emocionalmente sano* y *Espiritualidad emocionalmente sana*. También es autor del *Curso de discipulado emocionalmente sano: parte 1 y 2*, que ha transformado decenas de miles de vidas alrededor del mundo. Para más información, visita emocionalmentesano.org o conéctate con Pete en X, Facebook o Instagram @petescazzero.

LISTA DE CONTROL | CURSO **ESPIRITUALIDAD** EMOCIONALMENTE SANA

SESIÓN #	LIBRO EES	DÍA A DÍA	GUÍA DE ESTUDIO	DVD (o transmisión de video)
1. El problema de una espiritualidad emocionalmente enferma	☐ Leer el capítulo 1	☐ Leer en ambiente de oración la Introducción y la Semana 1	☐ Leer la introducción y llenar la sesión 1	☐ Ver la sesión 1
2. Conócete a ti mismo para que puedas conocer a Dios	☐ Leer el capítulo 2	☐ Leer en ambiente de oración la Semana 2	☐ Llenar la sesión 2	☐ Ver la sesión 2
3. Retroceder para poder avanzar	☐ Leer el capítulo 3	☐ Leer en ambiente de oración la Semana 3	☐ Llenar la sesión 3	☐ Ver la sesión 3
4. El viaje a través del muro	☐ Leer el capítulo 4	☐ Leer en ambiente de oración la Semana 4	☐ Llenar la sesión 4	☐ Ver la sesión 4
5. Agranda tu alma a través del dolor y la pérdida	☐ Leer el capítulo 5	☐ Leer en ambiente de oración la Semana 5	☐ Llenar la sesión 5	☐ Ver la sesión 5
6. Descubra los ritmos del Oficio Diario y el Sabbat	☐ Leer el capítulo 6	☐ Leer en ambiente de oración la Semana 6	☐ Llenar la sesión 6	☐ Ver la sesión 6
7. Crece como un adulto emocionalmente maduro	☐ Leer el capítulo 7	☐ Leer en ambiente de oración la Semana 7	☐ Llenar la sesión 7	☐ Ver la sesión 7
8. Sigue al próximo paso para desarrollar una «regla de vida»	☐ Leer el capítulo 8	☐ Leer en ambiente de oración la Semana 8	☐ Llenar la sesión 8	☐ Ver la sesión 8

Te felicitamos por haber terminado el **Curso Espiritualidad emocionalmente sana (EES)**, la primera mitad de los Cursos de discipulado ES.

Para más información, visita ***www.emocionalmentesano.org*** donde recibirás tu **Certificado de Finalización.**

DISCIPULADO emocionalmente sano

Vida